KB141388

공무원 형사정책 시험 고득점을 위한 필수 법령집!

하루라도 빨리 합격의 문턱을 넘기 위해서는 시행착오 없이 제대로 된 공부를 하는 것이 중요합니다. 『해커스공무원 노신 형사정책 법령집』은 수험생 여러분들의 소중한 하루하루가 낭비되지 않도록 올바른 수험생활의 길을 제시하고자 노력하였습니다.

첫째, 시험에서 가장 중요한 법률을 선정하고, 최신 제·개정법령을 수록하였습니다.
공무원 시험에서 매년 반드시 출제되는 법률의 내용을 반복해서 읽어가며 학습하기 용이하도록 중요 법률의 조문을 모아서 수록하였습니다.

둘째, 조문의 흐름을 따라 읽으며, 중요한 부분도 쉽게 파악할 수 있도록 구성하였습니다.
각 법률의 조문 내용을 그대로 수록하면서도 중요한 조문에는 밑줄을 표시하여 학습의 강약 조절이 가능하도록 하였습니다. 기본서나 기출문제집을 학습할 때에 함께 활용하거나, 최종마무리 학습을 할 때에 밑줄로 표시된 조문을 빠르게 회독한다면, 『해커스공무원 노신 형사정책 법령집』을 효율적으로 학습할 수 있습니다.

셋째, 개별 조문과 관련된 기출지문OX를 수록하였습니다.
개별 조문과 관련된 기출지문을 OX문제 형태로 수록하여 해당 조문이 어떻게 문제로 출제되는지 확인할 수 있습니다. 이를 통해 조문만 반복적으로 읽는 학습보다 출제경향에 맞춘 효율적인 학습이 가능합니다.

더불어, 공무원 시험 전문 사이트 해커스공무원(gosi.Hackers.com)에서 교재 학습 중 궁금한 점을 나누고 다양한 무료 학습 자료를 함께 이용하여 학습 효과를 극대화할 수 있습니다.

『해커스공무원 노신 형사정책 법령집』이 공무원 형사정책 고득점 달성과 시험 합격을 꿈꾸는 모든 수험생 여러분에게 훌륭한 길잡이가 되기를 바랍니다.

노신

목차

여러분의 합격을 응원하는
해커스공무원의 특별 혜택

FREE 공무원 형사정책 **특강**

해커스공무원(gosi.Hackers.com) 접속 후 로그인 ▶ 상단의 [무료강좌] 클릭 ▶
[교재 무료특강] 클릭하여 이용

 해커스공무원 온라인 단과강의 **20% 할인쿠폰**

2AFB7DD5E67FADLF

해커스공무원(gosi.Hackers.com) 접속 후 로그인 ▶ 상단의 [나의 강의실] 클릭 ▶
좌측의 [쿠폰등록] 클릭 ▶ 위 쿠폰번호 입력 후 이용

* 등록 후 7일간 사용 가능(ID당 1회에 한해 등록 가능)

합격예측 온라인 모의고사 응시권 + 해설강의 수강권

F67D4B44C67CDMRE

해커스공무원(gosi.Hackers.com) 접속 후 로그인 ▶ 상단의 [나의 강의실] 클릭 ▶
좌측의 [쿠폰등록] 클릭 ▶ 위 쿠폰번호 입력 후 이용

* ID당 1회에 한해 등록 가능

쿠폰 이용 관련 문의 **1588-4055**

단기 합격을 위한
해커스공무원 커리큘럼

입문

▼

기본+심화

▼

기출+예상 문제풀이

▼

동형문제풀이

▼

최종 마무리

▼

탄탄한 기본기와 핵심 개념 완성!

누구나 이해하기 쉬운 개념 설명과 풍부한 예시로 부담없이 쌩기초 다지기

 TIP 베이스가 있다면 **기본 단계**부터!

필수 개념 학습으로 이론 완성!

반드시 알아야 할 기본 개념과 문제풀이 전략을 학습하고
심화 개념 학습으로 고득점을 위한 응용력 다지기

문제풀이로 집중 학습하고 실력 업그레이드!

기출문제의 유형과 출제 의도를 이해하고 최신 출제 경향을 반영한
예상문제를 풀어보며 본인의 취약영역을 파악 및 보완하기

동형모의고사로 실전력 강화!

실제 시험과 같은 형태의 실전모의고사를 풀어보며 실전감각 극대화

시험 직전 실전 시뮬레이션!

각 과목별 시험에 출제되는 내용들을 최종 점검하며 실전 완성

PASS

**단계별 교재 확인 및
수강신청은 여기서!**

gosi.Hackers.com

* 커리큘럼 및 세부 일정은 상이할 수 있으며,
자세한 사항은 해커스공무원 사이트에서 확인하세요.

해커스공무원

노신
형사정책
법령집

노신

약력

고려대학교 법과대학 법학과 졸업
제주대학교 법학전문대학원 졸업
변호사
현 | 해커스공무원 형사정책·교정학 강의
현 | 해커스경찰 범죄학 강의

저서

해커스공무원 노신 형사정책 기본서
해커스공무원 노신 형사정책 단원별 기출문제집
해커스공무원 노신 형사정책 법령집
해커스공무원 노신 형사정책 핵심요약집
해커스공무원 노신 형사정책 실전동형모의고사
해커스공무원 노신 교정학 기본서
해커스공무원 노신 교정학 단원별 기출문제집
해커스공무원 노신 교정학 법령집
해커스공무원 노신 교정학 핵심요약집
해커스공무원 노신 교정학 실전동형모의고사
해커스경찰 노신 범죄학 기본서
해커스경찰 노신 범죄학 단원별 기출+실전문제집

해커스공무원 학원·인강
gosi.Hackers.com

해커스공무원
노신 형사정책 법령집

01 범죄피해자 보호법

☐ 제1장 총칙

제1조 목적

이 법은 범죄피해자 보호·지원의 기본 정책 등을 정하고 타인의 범죄행위로 인하여 생명·신체에 피해를 받은 사람을 구조함으로써 범죄피해자의 복지 증진에 기여함을 목적으로 한다.

제3조 정의

① 이 법에서 사용하는 용어의 뜻은 다음과 같다.
1. "범죄피해자"란 타인의 범죄행위로 피해를 당한 사람과 그 배우자(사실상의 혼인관계를 포함한다), 직계친족 및 형제자매를 말한다. 20. 보호7★ [1]
4. "구조대상 범죄피해"란 대한민국의 영역 안에서 또는 대한민국의 영역 밖에 있는 대한민국의 선박이나 항공기 안에서 행하여진 사람의 생명 또는 신체를 해치는 죄(→ 대인범죄)에 해당하는 행위[「형법」 제9조(→ 형사미성년자), 제10조 제1항(→ 심신상실자), 제12조(→ 강요된 행위), 제22조 제1항(→ 긴급피난)에 따라 처벌되지 아니하는 행위를 포함하며, 같은 법 제20조(→ 정당행위) 또는 제21조 제1항(→ 정당방위)에 따라 처벌되지 아니하는 행위 및 과실에 의한 행위는 제외한다]로 인하여 사망하거나 장해 또는 중상해를 입은 것을 말한다. 19. 승진★
② 제1항 제1호에 해당하는 사람 외에 범죄피해 방지 및 범죄피해자 구조 활동으로 피해를 당한 사람도 범죄피해자로 본다. 13. 사시

☐ 제2장 범죄피해자 보호·지원의 기본 정책

제7조 손실 복구 지원 등

② 국가는 범죄피해자와 그 가족에게 신체적·정신적 안정을 제공하고 사회복귀를 돕기 위하여 일시적 보호시설(이하 "보호시설"이라 한다)을 설치·운영하여야 한다. 이 경우 국가는 보호시설의 운영을 범죄피해자 지원법인, 「의료법」에 따른 종합병원, 「고등교육법」에 따른 학교를 설립·운영하는 학교법인, 그 밖에 대통령령으로 정하는 기관 또는 단체에 위탁할 수 있다.
③ 국가는 범죄피해자와 그 가족의 정신적 회복을 위한 상담 및 치료 프로그램을 운영하여야 한다.

---

1) 「범죄피해자 보호법」상 범죄피해자란 타인의 범죄행위로 피해를 당한 사람과 그 법률상·사실상 배우자, 직계친족 및 형제자매를 말한다. (　) ▶ ○

제8조 형사절차 참여 보장 등

① 국가는 범죄피해자가 해당 사건과 관련하여 수사담당자와 상담하거나 재판절차에 참여하여 진술하는 등 형사절차상의 권리를 행사할 수 있도록 보장하여야 한다. 13. 사시

② 국가는 범죄피해자가 요청하면 가해자에 대한 수사 결과, 공판기일, 재판 결과, 형 집행 및 보호관찰 집행 상황 등 형사절차 관련 정보를 대통령령으로 정하는 바에 따라 제공할 수 있다.

제8조의2 범죄피해자에 대한 정보 제공 등

① 국가는 수사 및 재판 과정에서 다음 각 호의 정보를 범죄피해자에게 제공하여야 한다.
  1. 범죄피해자의 해당 재판절차 참여 진술권 등 형사절차상 범죄피해자의 권리에 관한 정보
  2. 범죄피해 구조금 지급 및 범죄피해자 보호·지원 단체 현황 등 범죄피해자의 지원에 관한 정보
  3. 그 밖에 범죄피해자의 권리보호 및 복지증진을 위하여 필요하다고 인정되는 정보

🗋 제3장 범죄피해자 보호·지원의 기본계획 등

제12조 기본계획 수립

① 법무부장관은 제15조에 따른 범죄피해자 보호위원회의 심의를 거쳐 범죄피해자 보호·지원에 관한 기본계획(이하 "기본계획"이라 한다)을 5년마다 수립하여야 한다.

제15조 범죄피해자보호위원회

① 범죄피해자 보호·지원에 관한 기본계획 및 주요 사항 등을 심의하기 위하여 법무부장관 소속으로 범죄피해자보호위원회(이하 "보호위원회"라 한다)를 둔다. 13. 사시

③ 보호위원회는 위원장을 포함하여 20명 이내의 위원으로 구성한다.

> ➕ 「범죄피해자 보호법 시행령」상 범죄피해자보호위원회 관련규정
>
> **제13조【범죄피해자보호위원회의 구성】** ① 법 제15조에 따른 범죄피해자보호위원회(이하 "보호위원회"라 한다)의 위원장은 법무부장관이 된다. 14. 교정9
>   ③ 제2항 제2호에 따라 위촉된 위원의 임기는 2년으로 하고, 두 차례만 연임할 수 있으며, 보궐위원의 임기는 전임자의 임기의 남은 기간으로 한다. 14. 교정9
>
> **제14조【보호위원회 위원장의 직무 등】** ② 보호위원회 위원장이 부득이한 사유로 직무를 수행할 수 없을 때에는 위원장이 미리 지정한 위원이 그 직무를 대행한다. 14. 9급
>   ③ 보호위원회의 회의는 재적위원 과반수의 출석으로 개의하고, 출석위원 과반수의 찬성으로 의결한다. 14. 교정9

📖 제4장 구조대상 범죄피해에 대한 구조

제16조 구조금의 지급요건

국가는 구조대상 범죄피해를 받은 사람(이하 "구조피해자"라 한다)이 다음 각 호의 어느 하나에 해당하면 구조피해자 또는 그 유족에게 범죄피해 구조금(이하 "구조금"이라 한다)을 지급한다(→ 피해자의 생계곤란, 가해자의 불명 또는 무자력을 요구하지 않음). 14. 보호7★

1. 구조피해자가 피해의 전부 또는 일부를 배상받지 못하는 경우
2. 자기 또는 타인의 형사사건의 수사 또는 재판에서 고소·고발 등 수사단서를 제공하거나 진술, 증언 또는 자료제출을 하다가 구조피해자가 된 경우 16. 사시★

제17조 구조금의 종류 등

① 구조금은 유족구조금·장해구조금 및 중상해구조금으로 구분하며, 일시금으로 지급한다. 19. 승진★
② 유족구조금은 구조피해자가 사망하였을 때 제18조에 따라 맨 앞의 순위인 유족에게 지급한다. 다만, 순위가 같은 유족이 2명 이상이면 똑같이 나누어 지급한다.
③ 장해구조금 및 중상해구조금은 해당 구조피해자에게 지급한다.

제18조 유족의 범위 및 순위

① 유족구조금을 지급받을 수 있는 유족은 다음 각 호의 어느 하나에 해당하는 사람으로 한다. 17. 교정9
   1. 배우자(사실상 혼인관계를 포함한다) 및 구조피해자의 사망 당시 구조피해자의 수입으로 생계를 유지하고 있는 구조피해자의 자녀 21. 보호7[2]
   2. 구조피해자의 사망 당시 구조피해자의 수입으로 생계를 유지하고 있는 구조피해자의 부모, 손자·손녀, 조부모 및 형제자매
   3. 제1호 및 제2호에 해당하지 아니하는 구조피해자의 자녀, 부모, 손자·손녀, 조부모 및 형제자매
② 제1항에 따른 유족의 범위에서 태아는 구조피해자가 사망할 때 이미 출생한 것으로 본다. 14. 사시
③ 유족구조금을 받을 유족의 순위는 제1항 각 호에 열거한 순서로 하고, 같은 항 제2호 및 제3호에 열거한 사람 사이에서는 해당 각 호에 열거한 순서로 하며, 부모의 경우에는 양부모를 선순위로 하고 친부모를 후순위로 한다. 16. 사시
④ 유족이 다음 각 호의 어느 하나에 해당하면 유족구조금을 받을 수 있는 유족으로 보지 아니한다.
   1. 구조피해자를 고의로 사망하게 한 경우
   2. 구조피해자가 사망하기 전에 그가 사망하면 유족구조금을 받을 수 있는 선순위 또는 같은 순위의 유족이 될 사람을 고의로 사망하게 한 경우
   3. 구조피해자가 사망한 후 유족구조금을 받을 수 있는 선순위 또는 같은 순위의 유족을 고의로 사망하게 한 경우

---

2) 사실혼 관계에 있는 배우자는 구조금을 받을 수 있는 유족에 포함되지 않는다. (   )　　　　　▶ ×

제19조 구조금을 지급하지 아니할 수 있는 경우

① 범죄행위 당시 구조피해자와 가해자 사이에 다음 각 호의 어느 하나에 해당하는 <u>친족관계</u>가 있는 경우에는 <u>구조금을 지급하지 아니한다</u>. 17. 교정9★

  1. 부부(<u>사실상의 혼인관계를 포함한다</u>)

  2. 직계혈족

  3. <u>4촌 이내의 친족</u>

  4. 동거친족

② 범죄행위 당시 구조피해자와 가해자 사이에 제1항 각 호의 어느 하나에 해당하지 아니하는 <u>친족관계</u>가 있는 경우에는 <u>구조금의 일부를 지급하지 아니한다</u>.

③ 구조피해자가 다음 각 호의 어느 하나에 해당하는 <u>행위</u>를 한 때에는 <u>구조금을 지급하지 아니한다</u>.

  1. 해당 범죄행위를 <u>교사 또는 방조</u>하는 행위

  2. <u>과도한 폭행·협박 또는 중대한 모욕</u> 등 해당 범죄행위를 <u>유발</u>하는 행위

  3. 해당 범죄행위와 관련하여 <u>현저하게 부정한</u> 행위

  4. 해당 범죄행위를 <u>용인</u>하는 행위

  5. 집단적 또는 상습적으로 불법행위를 행할 우려가 있는 <u>조직</u>에 속하는 행위(다만, 그 조직에 속하고 있는 것이 해당 범죄피해를 당한 것과 관련이 없다고 인정되는 경우는 제외한다)

  6. 범죄행위에 대한 <u>보복</u>으로 가해자 또는 그 친족이나 그 밖에 가해자와 밀접한 관계가 있는 사람의 생명을 해치거나 신체를 중대하게 침해하는 행위

④ 구조피해자가 다음 각 호의 어느 하나에 해당하는 <u>행위</u>를 한 때에는 <u>구조금의 일부를 지급하지 아니한다</u>. 23. 보호[3])

  1. <u>폭행·협박 또는 모욕</u> 등 해당 범죄행위를 <u>유발</u>하는 행위

  2. 해당 범죄피해의 발생 또는 증대에 가공한 <u>부주의</u>한 행위 또는 <u>부적절</u>한 행위

⑥ 구조피해자 또는 그 유족과 가해자 사이의 관계, 그 밖의 사정을 고려하여 <u>구조금의 전부 또는 일부를 지급하는 것이 사회통념에 위배</u>된다고 인정될 때에는 <u>구조금의 전부 또는 일부를 지급하지 아니할 수 있다</u>.

⑦ 제1항부터 제6항까지의 규정에도 불구하고 구조금의 실질적인 수혜자가 가해자로 귀착될 우려가 없는 경우 등 <u>구조금을 지급하지 아니하는 것이 사회통념에 위배</u>된다고 인정할 만한 특별한 사정이 있는 경우에는 <u>구조금의 전부 또는 일부를 지급할 수 있다</u>. 17. 교정9★

제20조 다른 법령에 따른 급여 등과의 관계

구조피해자나 유족이 해당 <u>구조대상 범죄피해를 원인</u>으로 하여「<u>국가배상법</u>」이나 그 밖의 법령에 따른 급여 등을 받을 수 있는 경우에는 대통령령으로 정하는 바에 따라 <u>구조금을 지급하지 아니한다</u>(→ 보충성).

제21조 손해배상과의 관계

① 국가는 구조피해자나 유족이 해당 <u>구조대상 범죄피해를 원인</u>으로 하여 손해배상을 받았으면 그 범위에서 <u>구조금을 지급하지 아니한다</u>. 17. 교정9★

---

3) 구조대상 범죄피해를 받은 사람이 해당 범죄피해의 발생 또는 증대에 가공한 부적절한 행위를 한 때에는 범죄피해 구조금의 일부를 지급하지 아니한다. (　)　　　　　　　　　　　　　　　　　▶ ○

② 국가는 지급한 구조금의 범위에서 해당 구조금을 받은 사람이 구조대상 범죄피해를 원인으로 하여 가지고 있는 손해배상청구권을 대위한다. 15. 사시

③ 국가는 제2항에 따라 손해배상청구권을 대위할 때 대통령령으로 정하는 바에 따라 가해자인 수형자나 보호감호대상자의 작업장려금 또는 근로보상금에서 손해배상금을 받을 수 있다.

제22조 구조금액

① 유족구조금은 구조피해자의 사망 당시(신체에 손상을 입고 그로 인하여 사망한 경우에는 신체에 손상을 입은 당시를 말한다)의 월급액이나 월실수입액 또는 평균임금에 24개월 이상 48개월 이하의 범위에서 유족의 수와 연령 및 생계유지상황 등을 고려하여 대통령령으로 정하는 개월 수를 곱한 금액으로 한다.

② 장해구조금과 중상해구조금은 구조피해자가 신체에 손상을 입은 당시의 월급액이나 월실수입액 또는 평균임금에 2개월 이상 48개월 이하의 범위에서 피해자의 장해 또는 중상해의 정도와 부양가족의 수 및 생계유지상황 등을 고려하여 대통령령으로 정한 개월 수를 곱한 금액으로 한다.

제23조 외국인에 대한 구조

이 법은 외국인이 구조피해자이거나 유족인 경우에는 해당 국가의 상호보증이 있는 경우에만 적용한다. 21. 보호7★ 4)

제24조 범죄피해구조심의회 등

① 구조금 지급에 관한 사항을 심의·결정하기 위하여 각 지방검찰청에 범죄피해구조심의회(이하 "지구심의회"라 한다)를 두고 법무부에 범죄피해구조본부심의회(이하 "본부심의회"라 한다)를 둔다. 16. 보호7

제25조 구조금의 지급신청

① 구조금을 받으려는 사람은 법무부령으로 정하는 바에 따라 그 주소지, 거주지 또는 범죄 발생지를 관할하는 지구심의회에 신청하여야 한다. 11. 교정7

② 제1항에 따른 신청은 해당 구조대상 범죄피해의 발생을 안 날부터 3년이 지나거나 해당 구조대상 범죄피해가 발생한 날부터 10년이 지나면 할 수 없다. 15. 사시★

제27조 재심신청

① 지구심의회에서 구조금 지급신청을 기각(일부기각된 경우를 포함한다) 또는 각하하면 신청인은 결정의 정본이 송달된 날부터 2주일 이내에 그 지구심의회를 거쳐 본부심의회에 재심을 신청할 수 있다. 23. 보호75)

제28조 긴급구조금의 지급 등

① 지구심의회는 제25조 제1항에 따른 신청을 받았을 때 구조피해자의 장해 또는 중상해 정도가 명확하지 아니하거나 그 밖의 사유로 인하여 신속하게 결정을 할 수 없는 사정이 있으면 신청 또는 직권으로 대통령령으로 정하는 금액의 범위에서 긴급구조금을 지급하는 결정을 할 수 있다.

---

4) 국가 간 상호보증과 무관하게 구조피해자나 유족이 외국인이라도 구조금 지급대상이 된다. ( )　　　　　　　▶ ×

5) 범죄피해구조심의회에서 범죄피해 구조금 지급신청을 일부기각하면 신청인은 결정의 정본이 송달된 날부터 2주일 이내에 그 범죄피해구조심의회를 거쳐 범죄피해구조본부심의회에 재심을 신청할 수 있다. ( )　　　　　▶ ○

제30조 구조금의 환수

① 국가는 이 법에 따라 구조금을 받은 사람이 다음 각 호의 어느 하나에 해당하면 지구심의회 또는 본부심의회의 결정을 거쳐 그가 받은 <u>구조금의 전부 또는 일부를 환수할 수 있다.</u> 23. 보호7[6)]

1. 거짓이나 그 밖의 부정한 방법으로 구조금을 받은 경우
2. 구조금을 받은 후 제19조(→ 구조금을 지급하지 아니할 있는 경우)에 규정된 사유가 발견된 경우
3. 구조금이 잘못 지급된 경우

제31조 소멸시효

구조금을 받을 권리는 그 <u>구조결정이 해당 신청인에게 송달된 날부터 2년간</u> 행사하지 아니하면 시효로 인하여 소멸된다. 23. 보호7★[7)]

제32조 구조금 수급권의 보호

구조금을 받을 권리는 <u>양도</u>하거나 <u>담보로 제공</u>하거나 <u>압류</u>할 수 없다. 19. 승진★

🗂 제5장 범죄피해자 보호·지원사업의 지원 및 감독

제33조 범죄피해자 지원법인의 등록 등

① 범죄피해자 지원법인이 이 법에 따른 지원을 받으려면 자산 및 인적 구성 등 대통령령으로 정하는 요건을 갖추고 대통령령으로 정하는 절차에 따라 <u>법무부장관에게 등록</u>하여야 한다.

제34조 보조금

① 국가 또는 지방자치단체는 제33조에 따라 등록한 범죄피해자 지원법인(이하 "등록법인"이라 한다)의 건전한 육성과 발전을 위하여 필요한 경우에는 예산의 범위에서 <u>등록법인에 운영 또는 사업에 필요한 경비를 보조</u>할 수 있다. 16. 보호7

제38조 재판 등에 대한 영향력 행사 금지

<u>범죄피해자 보호·지원 업무에 종사하는 자</u>는 <u>형사절차에서 가해자에 대한 처벌을 요구하거나</u> <u>소송관계인에게 위력을 가하는 등 수사, 변호 또는 재판에 부당한 영향을 미치기 위한 행위</u>를 하여서는 <u>아니 된다.</u> 11. 사시

---

6) 범죄피해 구조금을 받은 사람이 거짓이나 그 밖의 부정한 방법으로 범죄피해 구조금을 받은 경우, 국가는 범죄피해구조심의회 또는 범죄피해구조본부심의회의 결정을 거쳐 그가 받은 범죄피해 구조금의 전부를 환수해야 한다. ( ) ▶ ✕

7) 범죄피해 구조금을 받을 권리는 그 구조결정이 해당 신청인에게 송달된 날부터 2년간 행사하지 아니하면 시효로 인하여 소멸된다. ( ) ▶ ○

☐ 제6장 형사조정

제41조 형사조정 회부

① 검사는 피의자와 범죄피해자(이하 "당사자"라 한다) 사이에 형사분쟁을 공정하고 원만하게 해결하여 범죄피해자가 입은 피해를 실질적으로 회복하는 데 필요하다고 인정하면 당사자의 신청 또는 직권으로 수사 중인 형사사건을 형사조정에 회부할 수 있다. 23. 보호7★ 8)

② 형사조정에 회부할 수 있는 형사사건의 구체적인 범위는 대통령령으로 정한다. 다만, 다음 각 호의 어느 하나에 해당하는 경우에는 형사조정에 회부하여서는 아니 된다. 23. 보호7★ 9)
  1. 피의자가 도주하거나 증거를 인멸할 염려가 있는 경우
  2. 공소시효의 완성이 임박한 경우
  3. 불기소처분의 사유에 해당함이 명백한 경우(다만, 기소유예처분의 사유에 해당하는 경우는 제외한다) 21. 교정9

제42조 형사조정위원회

① 제41조에 따른 형사조정을 담당하기 위하여 각급 지방검찰청 및 지청에 형사조정위원회를 둔다. 20. 승진10)
② 형사조정위원회는 2명 이상의 형사조정위원으로 구성한다. 20. 승진★ 11)
③ 형사조정위원은 형사조정에 필요한 법적 지식 등 전문성과 덕망을 갖춘 사람 중에서 관할 지방검찰청 또는 지청의 장이 미리 위촉한다. 20. 승진12)
⑤ 형사조정위원의 임기는 2년으로 하며, 연임할 수 있다. 20. 승진13)
⑥ 형사조정위원회의 위원장은 관할 지방검찰청 또는 지청의 장이 형사조정위원 중에서 위촉한다. 20. 승진14)

제43조 형사조정의 절차

① 형사조정위원회는 당사자 사이의 공정하고 원만한 화해와 범죄피해자가 입은 피해의 실질적인 회복을 위하여 노력하여야 한다.
③ 형사조정위원회는 필요하다고 인정하면 형사조정의 결과에 이해관계가 있는 사람의 신청 또는 직권으로 이해관계인을 형사조정에 참여하게 할 수 있다. 23. 보호7★ 15)

---

8) 검사는 피의자와 범죄피해자 사이에 형사분쟁을 공정하고 원만하게 해결하여 범죄피해자가 입은 피해를 실질적으로 회복하는 데 필요하다고 인정하면 직권으로 수사 중인 형사사건을 형사조정에 회부할 수 있다. ( ) ▶ ○

9) 「범죄피해자 보호법」은 피해자와 피의자 사이의 합의가 이루어졌더라도 기소유예처분의 사유에 해당함이 명백한 경우 형사조정에 회부하지 못하도록 하고 있다. ( ) ▶ ×

10) 형사조정을 담당하기 위하여 각급 지방검찰청 및 지청에 형사조정위원회를 둔다. ( ) ▶ ○

11) 형사조정위원회는 2명 이상의 형사조정위원으로 구성한다. ( ) ▶ ○

12) 형사조정위원은 형사조정에 필요한 법적 지식 등 전문성과 덕망을 갖춘 사람 중에서 관할 지방검찰청 또는 지청의 장이 미리 위촉한다. ( ) ▶ ○

13) 형사조정위원의 임기는 3년으로 하며, 연임할 수 있다. ( ) ▶ ×

14) 형사조정위원회의 위원장은 관할 지방검찰청 또는 지청의 장이 형사조정위원 중에서 위촉한다. ( ) ▶ ○

15) 형사조정위원회는 필요하다고 인정하면 직권으로 형사조정의 결과에 이해관계가 있는 사람을 형사조정에 참여하게 할 수 있다. ( ) ▶ ○

제45조 형사조정절차의 종료

④ 검사는 형사사건을 수사하고 처리할 때 형사조정 결과를 고려할 수 있다. 다만, 형사조정이 성립되지 아니하였다는 사정을 피의자에게 불리하게 고려하여서는 아니 된다. 23. 보호7★ 16)

✛「범죄피해자 보호법 시행령」의 형사조정 관련규정

시행령 제46조【형사조정 대상 사건】 법 제41조 제2항에 따라 형사조정에 회부할 수 있는 형사사건은 다음 각 호와 같다.

1. 차용금, 공사대금, 투자금 등 개인 간 금전거래로 인하여 발생한 분쟁으로서 사기, 횡령, 배임 등으로 고소된 재산범죄 사건
2. 개인 간의 명예훼손·모욕, 경계 침범, 지식재산권 침해, 임금체불 등 사적 분쟁에 대한 고소사건
3. 제1호 및 제2호에서 규정한 사항 외에 형사조정에 회부하는 것이 분쟁 해결에 적합하다고 판단되는 고소사건
4. 고소사건 외에 일반 형사사건 중 제1호부터 제3호까지에 준하는 사건

시행령 제48조【형사조정위원회의 구성·운영 등】 ① 법 제42조에 따른 형사조정위원회(이하 "형사조정위원회"라 한다)의 위원장은 대외적으로 형사조정위원회를 대표하고 형사조정위원회의 업무를 총괄하며, 법 제42조에 따른 형사조정위원(이하 "형사조정위원"이라 한다) 중에서 3명 이내의 형사조정위원을 지정하여 각 형사조정사건에 대한 형사조정위원회(이하 "개별 조정위원회"라 한다)를 구성한다. 21. 보호7

③ 개별 조정위원회 조정장은 형사조정위원 중에서 호선(互選)한다.

시행령 제52조【형사조정절차의 개시】 ① 형사조정절차를 개시하기 위해서는 당사자의 동의가 있어야 한다. 21. 보호7

시행령 제54조【형사조정절차의 종료】 개별 조정위원회는 당사자 사이에 합의가 성립되지 아니하는 경우 또는 성립된 합의 내용이 위법하거나 선량한 풍속, 그 밖의 사회질서에 위반된다고 인정되는 경우에는 조정 불성립 결정을 하고 담당 검사에게 사건을 회송하여야 한다.

✛「범죄피해자보호기금법」의 범죄피해자보호기금제도

제3조【기금의 설치】 정부는 범죄피해자 보호·지원에 필요한 자금을 확보·공급하기 위하여 범죄피해자보호기금(이하 "기금"이라 한다)을 설치한다.

제4조【기금의 조성】 ① 기금은 다음의 재원으로 조성한다.

1. 제2항에 따른 벌금 수납액
2. 「범죄피해자 보호법」 제21조 제2항에 따라 대위하여 취득한 구상금
3. 정부 외의 자가 출연 또는 기부하는 현금, 물품, 그 밖의 재산
4. 기금의 운용으로 인하여 생기는 수익금

② 정부는 「형사소송법」 제477조 제1항에 따라 집행된 벌금에 100분의 6 이상의 범위에서 대통령령으로 정한 비율(→ 100분의 8)을 곱한 금액을 기금에 납입하여야 한다. 22. 교정717)

제5조【기금의 관리·운용】 ① 기금은 법무부장관이 관리·운용한다.

제6조【기금의 용도】 기금은 다음 각 호의 어느 하나에 해당하는 용도에 사용한다.

1. 「범죄피해자 보호법」 제16조 제1항에 따른 범죄피해 구조금 지급
2. 「범죄피해자 보호법」 제34조 제1항에 따른 보조금의 교부
3. 다른 법률에 따른 범죄피해자의 보호·지원에 관련된 사업이나 활동으로서 대통령령으로 정하는 것
4. 기금의 조성·관리 및 운영을 위한 경비의 지출
5. 그 밖에 범죄피해자의 보호·지원을 목적으로 하는 것으로서 대통령령으로 정하는 사업이나 활동

---

16) 검사는 형사조정이 성립되지 아니하였다는 사정을 피의자에게 불리하게 고려하여서는 아니 된다. ( )　▶ ○
17) 「범죄피해자보호기금법」에 의하면 「형사소송법」에 따라 집행된 벌금의 일부도 범죄피해자보호기금에 납입된다. ( )　▶ ○

02 가정폭력범죄의 처벌 등에 관한 특례법

📖 제1장 총칙

제1조 목적
이 법은 가정폭력범죄의 형사처벌 절차에 관한 특례를 정하고 가정폭력범죄를 범한 사람에 대하여 환경의 조정과 성행(性行)의 교정을 위한 보호처분을 함으로써 가정폭력범죄로 파괴된 가정의 평화와 안정을 회복하고 건강한 가정을 가꾸며 피해자와 가족구성원의 인권을 보호함을 목적으로 한다.

제2조 정의
이 법에서 사용하는 용어의 뜻은 다음과 같다.
1. "가정폭력"이란 가정구성원 사이의 신체적, 정신적 또는 재산상 피해를 수반하는 행위를 말한다.
2. "가정구성원"이란 다음 각 목의 어느 하나에 해당하는 사람을 말한다.
   가. 배우자(사실상 혼인관계에 있는 사람을 포함한다. 이하 같다) 또는 배우자였던 사람
   나. 자기 또는 배우자와 직계존비속관계(사실상의 양친자관계를 포함한다. 이하 같다)에 있거나 있었던 사람
   다. 계부모와 자녀의 관계 또는 적모(嫡母)와 서자(庶子)의 관계에 있거나 있었던 사람
   라. 동거하는 친족
3. "가정폭력범죄"란 가정폭력으로서 다음 각 목(생략)의 어느 하나에 해당하는 죄를 말한다[→ 상해, 폭행, 유기, 학대(아동혹사 포함), 체포, 감금, 협박, 명예훼손(모욕 포함), 강요, 공갈, 손괴 등의 죄(미수범 포함) 및 성폭력범죄, 주거침입(퇴거불응 포함), 카메라 등을 이용한 촬영범죄 등].
5. "피해자"란 가정폭력범죄로 인하여 직접적으로 피해를 입은 사람을 말한다.

제3조 다른 법률과의 관계
가정폭력범죄에 대하여는 이 법을 우선 적용한다. 다만, 아동학대범죄(→ 보호자에 의한 아동학대)에 대하여는 「아동학대범죄의 처벌 등에 관한 특례법」을 우선 적용한다.

제3조의2 형벌과 수강명령 등의 병과
① 법원은 가정폭력행위자에 대하여 유죄판결(선고유예는 제외한다)을 선고하거나 약식명령을 고지하는 경우에는 200시간의 범위에서 재범예방에 필요한 수강명령(「보호관찰 등에 관한 법률」에 따른 수강명령을 말한다. 이하 같다) 또는 가정폭력 치료프로그램의 이수명령(이하 "이수명령"이라 한다)을 병과할 수 있다.
② 가정폭력행위자에 대하여 제1항의 수강명령은 형의 집행을 유예할 경우에 그 집행유예기간 내에서 병과하고, 이수명령은 징역형의 실형 또는 벌금형을 선고하거나 약식명령을 고지할 경우에 병과한다.

③ 법원이 가정폭력행위자에 대하여 형의 집행을 유예하는 경우에는 제1항에 따른 수강명령 외에 그 집행유예기간 내에서 보호관찰 또는 사회봉사 중 하나 이상의 처분을 병과할 수 있다.

제2장 가정보호사건

■ 제1절 통칙

제4조 신고의무 등

① 누구든지 가정폭력범죄를 알게 된 경우에는 수사기관에 신고할 수 있다.

② 다음 각 호(생략)의 어느 하나에 해당하는 사람이 직무를 수행하면서 가정폭력범죄를 알게 된 경우에는 정당한 사유가 없으면 즉시 수사기관에 신고하여야 한다.

③ 「아동복지법」에 따른 아동상담소, 「가정폭력방지 및 피해자보호 등에 관한 법률」에 따른 가정폭력 관련 상담소 및 보호시설, 「성폭력방지 및 피해자보호 등에 관한 법률」에 따른 성폭력피해상담소 및 보호시설(이하 "상담소등"이라 한다)에 근무하는 상담원과 그 기관장은 피해자 또는 피해자의 법정대리인 등과의 상담을 통하여 가정폭력범죄를 알게 된 경우에는 가정폭력피해자의 명시적인 반대의견이 없으면 즉시 신고하여야 한다.

제5조 가정폭력범죄에 대한 응급조치

진행 중인 가정폭력범죄에 대하여 신고를 받은 사법경찰관리는 즉시 현장에 나가서 다음 각 호의 조치를 하여야 한다.

1. 폭력행위의 제지, 가정폭력행위자·피해자의 분리

1의2. 「형사소송법」 제212조에 따른 현행범인의 체포 등 범죄수사

2. 피해자를 가정폭력 관련 상담소 또는 보호시설로 인도(피해자가 동의한 경우만 해당한다)

3. 긴급치료가 필요한 피해자를 의료기관으로 인도

4. 폭력행위 재발 시 제8조에 따라 임시조치를 신청할 수 있음을 통보

5. 제55조의2에 따른 피해자보호명령 또는 신변안전조치를 청구할 수 있음을 고지

제6조 고소에 관한 특례

① 피해자 또는 그 법정대리인은 가정폭력행위자를 고소할 수 있다. 피해자의 법정대리인이 가정폭력행위자인 경우 또는 가정폭력행위자와 공동으로 가정폭력범죄를 범한 경우에는 피해자의 친족이 고소할 수 있다.

② 피해자는 「형사소송법」 제224조에도 불구하고 가정폭력행위자가 자기 또는 배우자의 직계존속인 경우에도 고소할 수 있다. 법정대리인이 고소하는 경우에도 또한 같다.

제8조 임시조치의 청구 등

① 검사는 가정폭력범죄가 재발될 우려가 있다고 인정하는 경우에는 직권으로 또는 사법경찰관의 신청에 의하여 법원에 제29조 제1항 제1호·제2호 또는 제3호의 임시조치(→ 퇴거 등 격리, 100미터 이내의 접근금지, 전기통신을 이용한 접근금지)를 청구할 수 있다.

② 검사는 가정폭력행위자가 제1항의 청구에 의하여 결정된 <u>임시조치를 위반</u>하여 <u>가정폭력범죄가 재발될 우려</u>가 있다고 인정하는 경우에는 직권으로 또는 사법경찰관의 신청에 의하여 법원에 제29조 제1항 <u>제5호의 임시조치(→ 유치장 또는 구치소에의 유치)를 청구</u>할 수 있다.

제8조의2 긴급임시조치

① 사법경찰관은 제5조에 따른 <u>응급조치에도 불구하고 가정폭력범죄가 재발될 우려가 있고, 긴급을 요하여 법원의 임시조치 결정을 받을 수 없을 때</u>에는 직권 또는 피해자나 그 법정대리인의 신청에 의하여 제29조 제1항 <u>제1호부터 제3호까지(→ 퇴거 등 격리, 100미터 이내의 접근 금지, 전기통신을 이용한 접근 금지)의 어느 하나에 해당하는 조치</u>(이하 "긴급임시조치"라 한다)를 할 수 있다.

제8조의3 긴급임시조치와 임시조치의 청구

① 사법경찰관이 제8조의2 제1항에 따라 <u>긴급임시조치를 한 때</u>에는 지체 없이 검사에게 제8조에 따른 임시조치를 <u>신청하고, 신청받은 검사는 법원에 임시조치를 청구하여야 한다.</u> 이 경우 임시조치의 청구는 <u>긴급임시조치를 한 때부터 48시간 이내에 청구</u>하여야 하며, 제8조의2 제2항에 따른 긴급임시조치결정서를 첨부하여야 한다.

제9조 가정보호사건의 처리

① 검사는 가정폭력범죄로서 사건의 성질·동기 및 결과, 가정폭력행위자의 성행 등을 고려하여 이 법에 따른 <u>보호처분을 하는 것이 적절하다고 인정하는 경우에는 가정보호사건으로 처리</u>할 수 있다. 이 경우 검사는 <u>피해자의 의사를 존중</u>하여야 한다.

제9조의2 상담조건부 기소유예

<u>검사</u>는 가정폭력사건을 수사한 결과 가정폭력행위자의 성행 교정을 위하여 필요하다고 인정하는 경우에는 상담조건부 기소유예를 할 수 있다.

■ 제2절 조사·심리

제23조 진술거부권의 고지

판사 또는 가정보호사건조사관은 <u>가정보호사건을 조사</u>할 때에 <u>미리</u> 가정폭력행위자에 대하여 <u>불리한 진술을 거부할 수 있음을 알려</u>야 한다.

제29조 임시조치

① <u>판사</u>는 가정보호사건의 원활한 조사·심리 또는 피해자 보호를 위하여 필요하다고 인정하는 경우에는 결정으로 가정폭력행위자에게 다음 각 호의 어느 하나에 해당하는 임시조치를 할 수 있다.

1. 피해자 또는 가정구성원의 주거 또는 점유하는 방실(房室)로부터의 퇴거 등 격리
2. 피해자 또는 가정구성원이나 그 주거·직장 등에서 <u>100미터 이내의 접근 금지</u>
3. 피해자 또는 가정구성원에 대한 「전기통신기본법」 제2조 제1호의 전기통신을 이용한 접근 금지

4. 의료기관이나 그 밖의 요양소에의 위탁

5. 국가경찰관서의 유치장 또는 구치소에의 유치

6. 상담소등에의 상담위탁

⑤ 제1항 제1호부터 제3호까지의 임시조치기간은 2개월, 같은 항 제4호부터 제6호까지의 임시조치기간은 1개월을 초과할 수 없다. 다만, 피해자의 보호를 위하여 그 기간을 연장할 필요가 있다고 인정하는 경우에는 결정으로 제1항 제1호부터 제3호까지의 임시조치는 두 차례만, 같은 항 제4호부터 제6호까지의 임시조치는 한 차례만 각 기간의 범위에서 연장할 수 있다.

제32조 심리의 비공개

① 판사는 가정보호사건을 심리할 때 사생활 보호나 가정의 평화와 안정을 위하여 필요하거나 선량한 풍속을 해칠 우려가 있다고 인정하는 경우에는 결정으로 심리를 공개하지 아니할 수 있다.

② 증인으로 소환된 피해자 또는 가정구성원은 사생활 보호나 가정의 평화와 안정의 회복을 이유로 하여 판사에게 증인신문(證人訊問)의 비공개를 신청할 수 있다. 이 경우 판사는 그 허가 여부와 공개법정 외의 장소에서의 신문 등 증인신문의 방식 및 장소에 관하여 결정을 할 수 있다.

제33조 피해자의 진술권 등

① 법원은 피해자가 신청하는 경우에는 그 피해자를 증인으로 신문하여야 한다. 다만, 다음 각 호의 어느 하나에 해당하는 경우에는 그러하지 아니하다.

1. 신청인이 이미 심리 절차에서 충분히 진술하여 다시 진술할 필요가 없다고 인정되는 경우

2. 신청인의 진술로 인하여 심리 절차가 현저하게 지연될 우려가 있는 경우

② 법원은 제1항에 따라 피해자를 신문하는 경우에는 해당 가정보호사건에 관한 의견을 진술할 기회를 주어야 한다.

■ 제3절 보호처분

제40조 보호처분의 결정 등

① 판사는 심리의 결과 보호처분이 필요하다고 인정하는 경우에는 결정으로 다음 각 호의 어느 하나에 해당하는 처분을 할 수 있다.

1. 가정폭력행위자가 피해자 또는 가정구성원에게 접근하는 행위의 제한

2. 가정폭력행위자가 피해자 또는 가정구성원에게 「전기통신기본법」 제2조 제1호의 전기통신을 이용하여 접근하는 행위의 제한

3. 가정폭력행위자가 친권자인 경우 피해자에 대한 친권 행사의 제한

4. 「보호관찰 등에 관한 법률」에 따른 사회봉사·수강명령

5. 「보호관찰 등에 관한 법률」에 따른 보호관찰

6. 법무부장관 소속으로 설치한 감호위탁시설 또는 법무부장관이 정하는 보호시설에의 감호위탁

7. 의료기관에의 치료위탁

8. 상담소등에의 상담위탁

② 제1항 각 호의 처분은 병과할 수 있다.

제41조 보호처분의 기간

제40조 제1항 제1호부터 제3호까지 및 제5호부터 제8호까지의 보호처분의 기간은 6개월을 초과할 수 없으며, 같은 항 제4호의 사회봉사·수강명령의 시간은 200시간을 각각 초과할 수 없다. 21. 교정7

제45조 보호처분의 변경

② 제1항에 따라 보호처분의 종류와 기간을 변경하는 경우 종전의 처분기간을 합산하여 제40조 제1항 제1호부터 제3호까지 및 제5호부터 제8호까지의 보호처분의 기간은 1년을, 같은 항 제4호의 사회봉사·수강명령의 시간은 400시간을 각각 초과할 수 없다.

🔲 제3장 피해자보호명령

제55조의2 피해자보호명령 등

① 판사는 피해자의 보호를 위하여 필요하다고 인정하는 때에는 피해자, 그 법정대리인 또는 검사의 청구에 따라 결정으로 가정폭력행위자에게 다음 각 호의 어느 하나에 해당하는 피해자보호명령을 할 수 있다.
  1. 피해자 또는 가정구성원의 주거 또는 점유하는 방실로부터의 퇴거 등 격리
  2. 피해자 또는 가정구성원이나 그 주거, 직장 등에서 100미터 이내의 접근금지
  3. 피해자 또는 가정구성원에 대한 「전기통신사업법」 제2조 제1호의 전기통신을 이용한 접근금지
  4. 친권자인 가정폭력행위자의 피해자에 대한 친권행사의 제한
  5. 가정폭력행위자의 피해자에 대한 면접교섭권행사의 제한
② 제1항 각 호의 피해자보호명령은 이를 병과할 수 있다.
⑤ 법원은 피해자의 보호를 위하여 필요하다고 인정하는 경우에는 피해자 또는 그 법정대리인의 청구 또는 직권으로 일정 기간 동안 검사에게 피해자에 대하여 다음 각 호의 어느 하나에 해당하는 신변안전조치를 하도록 요청할 수 있다. 이 경우 검사는 피해자의 주거지 또는 현재지를 관할하는 경찰서장에게 신변안전조치를 하도록 요청할 수 있으며, 해당 경찰서장은 특별한 사유가 없으면 이에 따라야 한다.
  1. 가정폭력행위자를 상대방 당사자로 하는 가정보호사건, 피해자보호명령사건 및 그 밖의 가사소송절차에 참석하기 위하여 법원에 출석하는 피해자에 대한 신변안전조치
  2. 자녀에 대한 면접교섭권을 행사하는 피해자에 대한 신변안전조치
  3. 그 밖에 피해자의 신변안전을 위하여 대통령령으로 정하는 조치

제55조의3 피해자보호명령의 기간

① 제55조의2 제1항 각 호의 피해자보호명령의 기간은 1년(← 종전 6개월)을 초과할 수 없다. 다만, 피해자의 보호를 위하여 그 기간의 연장이 필요하다고 인정하는 경우에는 직권이나 피해자, 그 법정대리인 또는 검사의 청구에 따른 결정으로 2개월 단위로 연장할 수 있다.
② 제1항 및 제55조의2 제3항에 따라 피해자보호명령의 기간을 연장하거나 그 종류를 변경하는 경우 종전의 처분기간을 합산하여 3년(← 종전 2년)을 초과할 수 없다.

제55조의4 임시보호명령

① 판사는 제55조의2 제1항에 따른 피해자보호명령의 청구가 있는 경우에 피해자의 보호를 위하여 필요하다고 인정하는 경우에는 결정으로 제55조의2 제1항 각 호의 어느 하나에 해당하는 임시보호명령을 할 수 있다.

📄 제4장 민사처리에 관한 특례

제57조 배상명령

① 법원은 제1심의 가정보호사건 심리 절차에서 보호처분을 선고할 경우 직권으로 또는 피해자의 신청에 의하여 다음 각 호의 금전 지급이나 배상(이하 "배상"이라 한다)을 명할 수 있다.

1. 피해자 또는 가정구성원의 부양에 필요한 금전의 지급
2. 가정보호사건으로 인하여 발생한 직접적인 물적 피해 및 치료비 손해의 배상

② 법원은 가정보호사건에서 가정폭력행위자와 피해자 사이에 합의된 배상액에 관하여도 제1항에 따라 배상을 명할 수 있다.

＋「소송촉진 등에 관한 특례법」상 배상명령제도

제25조【배상명령】 ① 제1심 또는 제2심의 형사공판 절차에서 다음 각 호(생략)의 죄 중 어느 하나에 관하여 유죄판결을 선고할 경우, 법원은 직권에 의하여 또는 피해자나 그 상속인(이하 "피해자"라 한다)의 신청에 의하여 피고사건의 범죄행위로 인하여 발생한 직접적인 물적 피해, 치료비 손해 및 위자료의 배상을 명할 수 있다. 22. 교정7★[1]

② 법원은 제1항에 규정된 죄 및 그 외의 죄에 대한 피고사건에서 피고인과 피해자 사이에 합의된 손해배상액에 관하여도 제1항에 따라 배상을 명할 수 있다.

③ 법원은 다음 각 호의 어느 하나에 해당하는 경우에는 배상명령을 하여서는 아니 된다.

1. 피해자의 성명·주소가 분명하지 아니한 경우
2. 피해 금액이 특정되지 아니한 경우
3. 피고인의 배상책임의 유무 또는 그 범위가 명백하지 아니한 경우
4. 배상명령으로 인하여 공판절차가 현저히 지연될 우려가 있거나 형사소송 절차에서 배상명령을 하는 것이 타당하지 아니하다고 인정되는 경우

제36조【민사상 다툼에 관한 형사소송 절차에서의 화해】 ① 형사피고사건의 피고인과 피해자 사이에 민사상 다툼(해당 피고사건과 관련된 피해에 관한 다툼을 포함하는 경우로 한정한다)에 관하여 합의한 경우, 피고인과 피해자는 그 피고사건이 계속 중인 제1심 또는 제2심 법원에 합의 사실을 공판조서에 기재하여 줄 것을 공동으로 신청할 수 있다.

③ 제1항 및 제2항에 따른 신청은 변론이 종결되기 전까지 공판기일에 출석하여 서면으로 하여야 한다.

⑤ 합의가 기재된 공판조서의 효력 및 화해비용에 관하여는 「민사소송법」 제220조(→ 확정판결과 같은 효력을 인정) 및 제389조를 준용한다.

---

1) 「소송촉진 등에 관한 특례법」 제25조 제1항에 따른 배상명령은 피고사건의 범죄행위로 발생한 직접적인 물적 피해, 치료비 손해와 위자료에 대하여 피고인에게 배상을 명함으로써 간편하고 신속하게 피해자의 피해회복을 도모하고자 하는 제도이다. ( ) ▶ ○

03 아동학대범죄의 처벌 등에 관한 특례법

🗂 제1장 총칙

제1조 목적

이 법은 아동학대범죄의 처벌 및 그 절차에 관한 특례와 피해아동에 대한 보호절차 및 아동학대행위자에 대한 보호처분을 규정함으로써 아동을 보호하여 아동이 건강한 사회 구성원으로 성장하도록 함을 목적으로 한다.

제2조 정의

이 법에서 사용하는 용어의 뜻은 다음과 같다. <개정 2023.12.26.>

1. "아동"이란 「아동복지법」 제3조 제1호에 따른 아동(→ 18세 미만인 사람)을 말한다.

3. "아동학대"란 「아동복지법」 제3조 제7호에 따른 아동학대(→ 보호자를 포함한 성인이 아동의 건강 또는 복지를 해치거나 정상적 발달을 저해할 수 있는 신체적·정신적·성적 폭력이나 가혹행위를 하는 것과 아동의 보호자가 아동을 유기하거나 방임하는 것)를 말한다. 다만, 「유아교육법」과 「초·중등교육법」에 따른 교원의 정당한 교육활동과 학생생활지도는 아동학대로 보지 아니한다.

4. "아동학대범죄"란 보호자에 의한 아동학대로서 다음 각 목(생략)의 어느 하나에 해당하는 죄(→ 상해·특수상해·폭행·특수폭행·폭행치상, 유기·영아유기·학대·아동혹사·유기등치상, 체포·감금·중체포·중감금·특수체포·특수감금·체포·감금등치상, 협박·특수협박, 미성년자약취유인, 추행등목적약취유인등·인신매매·약취유인매매이송등상해치상, 강간·유사강간·강제추행·준강간·준강제추행·강간등상해치상·강간등살인치사·미성년자등에대한간음·업무상위력등에의한간음·미성년자에대한간음추행, 명예훼손·출판물등에의한명예훼손·모욕, 주거·신체수색, 강요, 공갈·특수공갈, 재물손괴등, 「아동복지법」위반, 아동학대살해치사·아동학대중상해 등)를 말한다.

6. "피해아동"이란 아동학대범죄로 인하여 직접적으로 피해를 입은 아동을 말한다.

제3조 다른 법률과의 관계

아동학대범죄에 대하여는 이 법을 우선 적용한다. 다만, 「성폭력범죄의 처벌 등에 관한 특례법」, 「아동·청소년의 성보호에 관한 법률」에서 가중처벌되는 경우에는 그 법에서 정한 바에 따른다.

🗂 제2장 아동학대범죄의 처벌에 관한 특례

제7조 아동복지시설의 종사자 등에 대한 가중처벌
제10조 제2항 각 호에 따른 아동학대 신고의무자가 보호하는 아동에 대하여 아동학대범죄를 범한 때에는 그 죄에 정한 형의 2분의 1까지 가중한다.

제8조 형벌과 수강명령 등의 병과
① 법원은 아동학대행위자에 대하여 유죄판결(선고유예는 제외한다)을 선고하면서 200시간의 범위에서 재범예방에 필요한 수강명령(「보호관찰 등에 관한 법률」에 따른 수강명령을 말한다. 이하 같다) 또는 아동학대 치료프로그램의 이수명령(이하 "이수명령"이라 한다)을 병과할 수 있다.
② 아동학대행위자에 대하여 제1항의 수강명령은 형의 집행을 유예할 경우에 그 집행유예기간 내에서 병과하고, 이수명령은 벌금형 또는 징역형의 실형(實刑)을 선고할 경우에 병과한다.
③ 법원이 아동학대행위자에 대하여 형의 집행을 유예하는 경우에는 제1항에 따른 수강명령 외에 그 집행유예기간 내에서 보호관찰 또는 사회봉사 중 하나 이상의 처분을 병과할 수 있다.

제9조 친권상실청구 등
① 아동학대행위자가 제5조 또는 제6조의 범죄를 저지른 때에는 검사는 그 사건의 아동학대행위자가 피해아동의 친권자나 후견인인 경우에 법원에 「민법」 제924조의 친권상실의 선고 또는 같은 법 제940조의 후견인의 변경 심판을 청구하여야 한다. 다만, 친권상실의 선고 또는 후견인의 변경 심판을 하여서는 아니 될 특별한 사정이 있는 경우에는 그러하지 아니하다.

🗂 제3장 아동학대범죄의 처리절차에 관한 특례

제10조 아동학대범죄 신고의무와 절차
① 누구든지 아동학대범죄를 알게 된 경우나 그 의심이 있는 경우에는 특별시·광역시·특별자치시·도·특별자치도(이하 "시·도"라 한다), 시·군·구(자치구를 말한다. 이하 같다) 또는 수사기관에 신고할 수 있다.
② 다음 각 호(생략)의 어느 하나에 해당하는 사람이 직무를 수행하면서 아동학대범죄를 알게 된 경우나 그 의심이 있는 경우에는 시·도, 시·군·구 또는 수사기관에 즉시 신고하여야 한다.

제10조의4 고소에 대한 특례
① 피해아동 또는 그 법정대리인은 아동학대행위자를 고소할 수 있다. 피해아동의 법정대리인이 아동학대행위자인 경우 또는 아동학대행위자와 공동으로 아동학대범죄를 범한 경우에는 피해아동의 친족이 고소할 수 있다.
② 피해아동은 「형사소송법」 제224조에도 불구하고 아동학대행위자가 자기 또는 배우자의 직계존속인 경우에도 고소할 수 있다. 법정대리인이 고소하는 경우에도 또한 같다.

제12조 피해아동 등에 대한 응급조치

① 제11조 제1항에 따라 현장에 출동하거나 아동학대범죄 현장을 발견한 경우 또는 학대현장 이외의 장소에서 학대피해가 확인되고 재학대의 위험이 급박·현저한 경우, 사법경찰관리 또는 아동학대전담공무원은 피해아동, 피해아동의 형제자매인 아동 및 피해아동과 동거하는 아동(이하 "피해아동등"이라 한다)의 보호를 위하여 즉시 다음 각 호의 조치(이하 "응급조치"라 한다)를 하여야 한다. 이 경우 제3호의 조치를 하는 때에는 피해아동등의 이익을 최우선으로 고려하여야 하며, 피해아동등을 보호하여야 할 필요가 있는 등 특별한 사정이 있는 경우를 제외하고는 피해아동등의 의사를 존중하여야 한다.
   1. 아동학대범죄 행위의 제지
   2. 아동학대행위자를 피해아동등으로부터 격리
   3. 피해아동등을 아동학대 관련 보호시설로 인도
   4. 긴급치료가 필요한 피해아동을 의료기관으로 인도
③ 제1항 제2호부터 제4호까지의 규정에 따른 응급조치는 72시간을 넘을 수 없다. 다만, 본문의 기간에 공휴일이나 토요일이 포함되는 경우로서 피해아동등의 보호를 위하여 필요하다고 인정되는 경우에는 48시간의 범위에서 그 기간을 연장할 수 있다.
④ 제3항에도 불구하고 검사가 제15조 제2항에 따라 임시조치를 법원에 청구한 경우에는 법원의 임시조치 결정 시까지 응급조치 기간이 연장된다.

제13조 아동학대행위자에 대한 긴급임시조치

① 사법경찰관은 제12조 제1항에 따른 응급조치에도 불구하고 아동학대범죄가 재발될 우려가 있고, 긴급을 요하여 제19조 제1항에 따른 법원의 임시조치 결정을 받을 수 없을 때에는 직권이나 피해아동등, 그 법정대리인(아동학대행위자를 제외한다. 이하 같다), 변호사(제16조에 따른 변호사를 말한다. 제48조 및 제49조를 제외하고는 이하 같다), 시·도지사, 시장·군수·구청장 또는 아동보호전문기관의 장의 신청에 따라 제19조 제1항 제1호부터 제3호까지의 어느 하나(→ 퇴거 등 격리, 100미터 이내의 접근 금지, 전기통신을 이용한 접근 금지)에 해당하는 조치를 할 수 있다.

제14조 임시조치의 청구

① 검사는 아동학대범죄가 재발될 우려가 있다고 인정하는 경우에는 직권으로 또는 사법경찰관이나 보호관찰관의 신청에 따라 법원에 제19조 제1항 각 호의 임시조치를 청구할 수 있다.

제15조 응급조치·긴급임시조치 후 임시조치의 청구

① 사법경찰관이 제12조 제1항 제2호부터 제4호까지의 규정에 따른 응급조치 또는 제13조 제1항에 따른 긴급임시조치를 하였거나 시·도지사 또는 시장·군수·구청장으로부터 제12조 제1항 제2호부터 제4호까지의 규정에 따른 응급조치가 행하여졌다는 통지를 받은 때에는 지체 없이 검사에게 제19조에 따른 임시조치의 청구를 신청하여야 한다.
② 제1항의 신청을 받은 검사는 임시조치를 청구하는 때에는 응급조치가 있었던 때부터 72시간(제12조 제3항 단서에 따라 응급조치 기간이 연장된 경우에는 그 기간을 말한다) 이내에, 긴급임시조치가 있었던 때부터 48시간 이내에 하여야 한다. 이 경우 제12조 제5항에 따라 작성된 응급조치결과보고서 및 제13조 제2항에 따라 작성된 긴급임시조치결정서를 첨부하여야 한다.

제16조 피해아동에 대한 변호사 선임의 특례

① 아동학대범죄의 피해아동 및 그 법정대리인은 형사 및 아동보호 절차상 입을 수 있는 피해를 방지하고 법률적 조력을 보장하기 위하여 변호사를 선임할 수 있다.

② 제1항에 따른 변호사는 검사 또는 사법경찰관의 피해아동 및 그 법정대리인에 대한 조사에 참여하여 의견을 진술할 수 있다. 다만, 조사 도중에는 검사 또는 사법경찰관의 승인을 받아 의견을 진술할 수 있다.

③ 제1항에 따른 변호사는 피의자에 대한 구속 전 피의자심문, 증거보전절차, 공판준비기일 및 공판절차에 출석하여 의견을 진술할 수 있다. 이 경우 필요한 절차에 관한 구체적 사항은 대법원규칙으로 정한다.

④ 제1항에 따른 변호사는 증거보전 후 관계 서류나 증거물, 소송계속 중의 관계 서류나 증거물을 열람하거나 등사할 수 있다.

⑤ 제1항에 따른 변호사는 형사 및 아동보호 절차에서 피해아동 및 그 법정대리인의 대리가 허용될 수 있는 모든 소송행위에 대한 포괄적인 대리권을 가진다.

⑥ 검사는 피해아동에게 변호사가 없는 경우 형사 및 아동보호 절차에서 피해아동의 권익을 보호하기 위하여 국선변호사를 선정하여야 한다.

제17조의3 교원에 대한 아동학대범죄사건 처리에서의 특례

① 사법경찰관은 「유아교육법」 및 「초·중등교육법」에 따른 교원의 교육활동 중 행위가 아동학대범죄로 신고되어 수사 중인 사건과 관련하여 관할 교육감이 의견을 제출하는 경우 이를 사건기록에 편철하고 아동학대범죄사건 수사 및 제24조 후단에 따른 의견을 제시할 때 참고하여야 한다.

② 검사는 제1항과 같은 아동학대범죄사건을 수사하거나 결정할 때 사건기록에 편철된 관할 교육감의 의견을 참고하여야 한다.

[본조신설 2023.12.26.]

🗋 제4장 아동보호사건

제19조 아동학대행위자에 대한 임시조치

① 판사는 아동학대범죄의 원활한 조사·심리 또는 피해아동등의 보호를 위하여 필요하다고 인정하는 경우에는 결정으로 아동학대행위자에게 다음 각 호의 어느 하나에 해당하는 조치(이하 "임시조치"라 한다)를 할 수 있다.

   1. 피해아동등 또는 가정구성원(「가정폭력범죄의 처벌 등에 관한 특례법」 제2조 제2호에 따른 가정구성원을 말한다. 이하 같다)의 주거로부터 퇴거 등 격리
   2. 피해아동등 또는 가정구성원의 주거, 학교 또는 보호시설 등에서 100미터 이내의 접근 금지
   3. 피해아동등 또는 가정구성원에 대한 「전기통신기본법」 제2조 제1호의 전기통신을 이용한 접근 금지
   4. 친권 또는 후견인 권한 행사의 제한 또는 정지
   5. 아동보호전문기관 등에의 상담 및 교육 위탁
   6. 의료기관이나 그 밖의 요양시설에의 위탁
   7. 경찰관서의 유치장 또는 구치소에의 유치

② 제1항 각 호의 처분은 병과할 수 있다.

③ 판사는 피해아동등에 대하여 제12조 제1항 제2호부터 제4호까지의 규정에 따른 응급조치가 행하여진 경우에는 임시조치가 청구된 때로부터 24시간 이내에 임시조치 여부를 결정하여야 한다.

④ 제1항 각 호의 규정에 따른 임시조치기간은 2개월을 초과할 수 없다. 다만, 피해아동등의 보호를 위하여 그 기간을 연장할 필요가 있다고 인정하는 경우에는 결정으로 제1항 제1호부터 제3호까지의 규정에 따른 임시조치는 두 차례만, 같은 항 제4호부터 제7호까지의 규정에 따른 임시조치는 한 차례만 각 기간의 범위에서 연장할 수 있다.

제25조 검사의 결정 전 조사

① 검사는 아동학대범죄에 대하여 아동보호사건 송치, 공소제기 또는 기소유예 등의 처분을 결정하기 위하여 필요하다고 인정하면 아동학대행위자의 주거지 또는 검찰청 소재지를 관할하는 보호관찰소의 장에게 아동학대행위자의 경력, 생활환경, 양육능력이나 그 밖에 필요한 사항에 관한 조사를 요구할 수 있다.

제26조 조건부 기소유예

검사는 아동학대범죄를 수사한 결과 다음 각 호의 사유를 고려하여 필요하다고 인정하는 경우에는 아동학대행위자에 대하여 상담, 치료 또는 교육 받는 것을 조건으로 기소유예를 할 수 있다.

1. 사건의 성질·동기 및 결과
2. 아동학대행위자와 피해아동과의 관계
3. 아동학대행위자의 성행(性行) 및 개선 가능성
4. 원가정보호의 필요성
5. 피해아동 또는 그 법정대리인의 의사

제27조 아동보호사건의 처리

① 검사는 아동학대범죄로서 제26조 각 호의 사유를 고려하여 제36조에 따른 보호처분을 하는 것이 적절하다고 인정하는 경우에는 아동보호사건으로 처리할 수 있다.

제28조 검사의 송치

② 검사는 아동학대범죄와 그 외의 범죄가 경합(競合)하는 경우에는 아동학대범죄에 대한 사건만을 분리하여 관할 법원에 송치할 수 있다.

제29조 법원의 송치

법원은 아동학대행위자에 대한 피고사건을 심리한 결과 제36조에 따른 보호처분을 하는 것이 적절하다고 인정하는 경우에는 결정으로 사건을 관할 법원에 송치할 수 있다.

제33조 보호처분의 효력

제36조에 따른 보호처분이 확정된 경우에는 그 아동학대행위자에 대하여 같은 범죄사실로 다시 공소를 제기할 수 없다. 다만, 제41조 제1호에 따라 송치(→ 아동학대행위자가 보호처분 결정을 이행하지 아니하거나 그 집행에 따르지 아니하여 보호처분을 취소하고 검사에게 송치)된 경우에는 그러하지 아니하다.

제34조 공소시효의 정지와 효력

① 아동학대범죄의 공소시효는 「형사소송법」 제252조에도 불구하고 해당 아동학대범죄의 피해아동이 성년에 달한 날부터 진행한다.

제36조 보호처분의 결정 등

① 판사는 심리의 결과 보호처분이 필요하다고 인정하는 경우에는 결정으로 다음 각 호의 어느 하나에 해당하는 보호처분을 할 수 있다.
  1. 아동학대행위자가 피해아동 또는 가정구성원에게 접근하는 행위의 제한
  2. 아동학대행위자가 피해아동 또는 가정구성원에게 「전기통신기본법」 제2조 제1호의 전기통신을 이용하여 접근하는 행위의 제한
  3. 피해아동에 대한 친권 또는 후견인 권한 행사의 제한 또는 정지
  4. 「보호관찰 등에 관한 법률」에 따른 사회봉사·수강명령
  5. 「보호관찰 등에 관한 법률」에 따른 보호관찰
  6. 법무부장관 소속으로 설치한 감호위탁시설 또는 법무부장관이 정하는 보호시설에의 감호위탁
  7. 의료기관에의 치료위탁
  8. 아동보호전문기관, 상담소 등에의 상담위탁
② 제1항 각 호의 처분은 병과할 수 있다.

제37조 보호처분의 기간

제36조 제1항 제1호부터 제3호까지 및 제5호부터 제8호까지의 규정에 따른 보호처분의 기간은 1년을 초과할 수 없으며, 같은 항 제4호의 사회봉사·수강명령의 시간은 각각 200시간을 초과할 수 없다.

제40조 보호처분의 변경

③ 제1항에 따라 보호처분의 종류와 기간을 변경하는 경우 종전의 처분기간을 합산하여 제36조 제1항 제1호부터 제3호까지 및 제5호부터 제8호까지의 규정에 따른 보호처분의 기간은 2년을, 같은 항 제4호의 규정에 따른 사회봉사·수강명령의 시간은 400시간을 각각 초과할 수 없다.

☐ 제5장 피해아동보호명령

제47조 가정법원의 피해아동에 대한 보호명령

① 판사는 직권 또는 피해아동, 그 법정대리인, 변호사, 시·도지사 또는 시장·군수·구청장의 청구에 따라 결정으로 피해아동의 보호를 위하여 다음 각 호의 피해아동보호명령을 할 수 있다.

   1. 아동학대행위자를 피해아동의 주거지 또는 점유하는 방실(房室)로부터의 퇴거 등 격리

   2. 아동학대행위자가 피해아동 또는 가정구성원에게 접근하는 행위의 제한

   3. 아동학대행위자가 피해아동 또는 가정구성원에게 「전기통신기본법」 제2조 제1호의 전기통신을 이용하여 접근하는 행위의 제한

   4. 피해아동을 아동복지시설 또는 장애인복지시설로의 보호위탁

   5. 피해아동을 의료기관으로의 치료위탁

   5의2. 피해아동을 아동보호전문기관, 상담소 등으로의 상담·치료위탁

   6. 피해아동을 연고자 등에게 가정위탁

   7. 친권자인 아동학대행위자의 피해아동에 대한 친권 행사의 제한 또는 정지

   8. 후견인인 아동학대행위자의 피해아동에 대한 후견인 권한의 제한 또는 정지

   9. 친권자 또는 후견인의 의사표시를 갈음하는 결정

③ 제1항 각 호의 처분은 병과할 수 있다.

제48조 보조인

① 피해아동 및 아동학대행위자는 피해아동보호명령사건에 대하여 각자 보조인을 선임할 수 있다.

③ 변호사(「변호사법」에 따른 변호사를 말한다. 이하 제49조에서 같다)가 아닌 사람을 보조인으로 선임하거나 제2항에 따른 보조인이 되려면 법원의 허가를 받아야 한다.

제49조 국선보조인

① 다음 각 호의 어느 하나에 해당하는 경우 법원은 직권에 의하거나 피해아동 또는 피해아동의 법정대리인·직계친족·형제자매, 아동학대전담공무원, 아동보호전문기관의 상담원과 그 기관장의 신청에 따라 변호사를 피해아동의 보조인으로 선정하여야 한다.

   1. 피해아동에게 신체적·정신적 장애가 의심되는 경우

   2. 빈곤이나 그 밖의 사유로 보조인을 선임할 수 없는 경우

   3. 그 밖에 판사가 보조인이 필요하다고 인정하는 경우

② 법원은 아동학대행위자가 「형사소송법」 제33조 제1항 각 호의 어느 하나에 해당하는 경우(→ 필요국선)에는 직권으로 변호사를 아동학대행위자의 보조인으로 선정할 수 있다.

제51조 피해아동보호명령의 기간

① 제47조 제1항 제1호부터 제5호까지, 제5호의2 및 제6호부터 제8호까지의 피해아동보호명령의 기간은 1년을 초과할 수 없다. 다만, 관할 법원의 판사는 피해아동의 보호를 위하여 그 기간의 연장이 필요하다고 인정하는 경우 직권 또는 피해아동, 그 법정대리인, 변호사, 시·도지사 또는 시장·군수·구청장의 청구에 따른 결정으로 6개월 단위로 그 기간을 연장할 수 있다.

③ 제1항에 따라 연장된 기간은 피해아동이 성년에 도달하는 때를 초과할 수 없다.

04 스토킹범죄의 처벌 등에 관한 법률

🗂 제1장 총칙

제1조 목적

이 법은 스토킹범죄의 처벌 및 그 절차에 관한 특례와 스토킹범죄 피해자에 대한 보호절차를 규정함으로써 피해자를 보호하고 건강한 사회질서의 확립에 이바지함을 목적으로 한다.

제2조 정의

이 법에서 사용하는 용어의 뜻은 다음과 같다. <개정 2023.7.11.>

1. "스토킹행위"란 상대방의 의사에 반(反)하여 정당한 이유 없이 다음 각 목의 어느 하나에 해당하는 행위를 하여 상대방에게 불안감 또는 공포심을 일으키는 것을 말한다. 23. 보호[1]

   가. 상대방 또는 그의 동거인, 가족(이하 "상대방등"이라 한다)에게 접근하거나 따라다니거나 진로를 막아서는 행위

   나. 상대방등의 주거, 직장, 학교, 그 밖에 일상적으로 생활하는 장소(이하 "주거등"이라 한다) 또는 그 부근에서 기다리거나 지켜보는 행위

   다. 상대방등에게 우편·전화·팩스 또는 「정보통신망 이용촉진 및 정보보호 등에 관한 법률」 제2조 제1항 제1호의 정보통신망(이하 "정보통신망"이라 한다)을 이용하여 물건이나 글·말·부호·음향·그림·영상·화상(이하 "물건등"이라 한다)을 도달하게 하거나 정보통신망을 이용하는 프로그램 또는 전화의 기능에 의하여 글·말·부호·음향·그림·영상·화상이 상대방등에게 나타나게 하는 행위

   라. 상대방등에게 직접 또는 제3자를 통하여 물건등을 도달하게 하거나 주거등 또는 그 부근에 물건등을 두는 행위

   마. 상대방등의 주거등 또는 그 부근에 놓여져 있는 물건등을 훼손하는 행위

   바. 다음의 어느 하나에 해당하는 상대방등의 정보를 정보통신망을 이용하여 제3자에게 제공하거나 배포 또는 게시하는 행위

      1) 「개인정보 보호법」 제2조 제1호의 개인정보

      2) 「위치정보의 보호 및 이용 등에 관한 법률」 제2조 제2호의 개인위치정보

      3) 1) 또는 2)의 정보를 편집·합성 또는 가공한 정보(해당 정보주체를 식별할 수 있는 경우로 한정한다)

   사. 정보통신망을 통하여 상대방등의 이름, 명칭, 사진, 영상 또는 신분에 관한 정보를 이용하여 자신이 상대방등인 것처럼 가장하는 행위

---

1) 상대방의 의사에 반하여 정당한 이유 없이 상대방 또는 그의 동거인, 가족을 따라다님으로써 상대방에게 불안감을 일으켰다면 스토킹행위에 해당한다. ( ) ▶ ○

2. "스토킹범죄"란 지속적 또는 반복적으로 스토킹행위를 하는 것을 말한다. 23. 보호72)

3. "피해자"란 스토킹범죄로 직접적인 피해를 입은 사람을 말한다.

4. "피해자등"이란 피해자 및 스토킹행위의 상대방을 말한다.

제3조 스토킹행위 신고 등에 대한 응급조치

사법경찰관리는 진행 중인 스토킹행위에 대하여 신고를 받은 경우 즉시 현장에 나가 다음 각 호의 조치를 하여야 한다. 24. 보호93)

1. 스토킹행위의 제지, 향후 스토킹행위의 중단 통보 및 스토킹행위를 지속적 또는 반복적으로 할 경우 처벌 서면 경고

2. 스토킹행위자와 피해자등의 분리 및 범죄수사

3. 피해자등에 대한 긴급응급조치 및 잠정조치 요청의 절차 등 안내

4. 스토킹 피해 관련 상담소 또는 보호시설로의 피해자등 인도(피해자등이 동의한 경우만 해당한다)

제4조 긴급응급조치

① 사법경찰관은 스토킹행위 신고와 관련하여 스토킹행위가 지속적 또는 반복적으로 행하여질 우려가 있고 스토킹범죄의 예방을 위하여 긴급을 요하는 경우 스토킹행위자에게 직권으로 또는 스토킹행위의 상대방이나 그 법정대리인 또는 스토킹행위를 신고한 사람의 요청에 의하여 다음 각 호에 따른 조치를 할 수 있다. 24. 보호94)

   1. 스토킹행위의 상대방 등이나 그 주거등으로부터 100미터 이내의 접근 금지

   2. 스토킹행위의 상대방 등에 대한 「전기통신기본법」 제2조 제1호의 전기통신을 이용한 접근 금지

제5조 긴급응급조치의 승인 신청

① 사법경찰관은 긴급응급조치를 하였을 때에는 지체 없이 검사에게 해당 긴급응급조치에 대한 사후승인을 지방법원 판사에게 청구하여 줄 것을 신청하여야 한다.

② 제1항의 신청을 받은 검사는 긴급응급조치가 있었던 때부터 48시간 이내에 지방법원 판사에게 해당 긴급응급조치에 대한 사후승인을 청구한다. 이 경우 제4조 제2항에 따라 작성된 긴급응급조치결정서를 첨부하여야 한다.

⑤ 긴급응급조치기간은 1개월을 초과할 수 없다.

제8조 잠정조치의 청구

① 검사는 스토킹범죄가 재발될 우려가 있다고 인정하면 직권 또는 사법경찰관의 신청에 따라 법원에 제9조 제1항 각 호의 조치를 청구할 수 있다.

---

2) 스토킹행위가 지속적 또는 반복적으로 이루어진 경우가 아니라면 스토킹범죄에 해당하지 않는다. ( )   ▶ ○

3) 사법경찰관리는 진행 중인 스토킹행위에 대하여 신고를 받은 경우, 즉시 현장에 나가 '스토킹행위자와 스토킹행위의 상대방의 분리 및 범죄수사' 조치를 하여야 한다. ( )   ▶ ○

4) 사법경찰관은, 스토킹행위 신고와 관련하여 스토킹행위가 지속적 또는 반복적으로 행하여질 우려가 있고 스토킹범죄의 예방을 위하여 긴급을 요하는 경우, 직권으로 스토킹행위자에게 '스토킹행위의 상대방으로부터 100미터 이내의 접근 금지' 조치를 할 수 있다. ( )   ▶ ○

제9조 스토킹행위자에 대한 잠정조치

① 법원은 스토킹범죄의 원활한 조사·심리 또는 피해자 보호를 위하여 필요하다고 인정하는 경우에는 결정으로 스토킹행위자에게 다음 각 호의 어느 하나에 해당하는 조치(이하 "잠정조치"라 한다)를 할 수 있다. 24. 보호95)6)

  1. 피해자에 대한 스토킹범죄 중단에 관한 서면 경고
  2. 피해자 또는 그의 동거인, 가족이나 그 주거등으로부터 100미터 이내의 접근 금지
  3. 피해자 또는 그의 동거인, 가족에 대한 「전기통신기본법」 제2조 제1호의 전기통신을 이용한 접근 금지
  3의2. 「전자장치 부착 등에 관한 법률」 제2조 제4호의 위치추적 전자장치(이하 "전자장치"라 한다)의 부착
  4. 국가경찰관서의 유치장 또는 구치소에의 유치

② 제1항 각 호의 잠정조치는 병과(倂科)할 수 있다.

⑦ 제1항 제2호·제3호 및 제3호의2에 따른 잠정조치기간은 3개월(← 종전 2개월), 같은 항 제4호에 따른 잠정조치기간은 1개월을 초과할 수 없다. 다만, 법원은 피해자의 보호를 위하여 그 기간을 연장할 필요가 있다고 인정하는 경우에는 결정으로 제1항 제2호·제3호 및 제3호의2에 따른 잠정조치에 대하여 두 차례에 한정하여 각 3개월(← 종전 2개월)의 범위에서 연장할 수 있다.

제10조 잠정조치의 집행 등

① 법원은 잠정조치 결정을 한 경우에는 법원공무원, 사법경찰관리, 구치소 소속 교정직공무원 또는 보호관찰관으로 하여금 집행하게 할 수 있다.

제17조 스토킹범죄의 피해자에 대한 전담조사제

① 검찰총장은 각 지방검찰청 검사장에게 스토킹범죄 전담 검사를 지정하도록 하여 특별한 사정이 없으면 스토킹범죄 전담 검사가 피해자를 조사하게 하여야 한다.

② 경찰관서의 장(국가수사본부장, 시·도경찰청장 및 경찰서장을 의미한다. 이하 같다)은 스토킹범죄 전담 사법경찰관을 지정하여 특별한 사정이 없으면 스토킹범죄 전담 사법경찰관이 피해자를 조사하게 하여야 한다.

제17조의2 피해자 등에 대한 신변안전조치

법원 또는 수사기관이 피해자등 또는 스토킹범죄를 신고(고소·고발을 포함한다. 이하 이 조에서 같다)한 사람을 증인으로 신문하거나 조사하는 경우의 신변안전조치에 관하여는 「특정범죄신고자 등 보호법」 제13조 및 제13조의2를 준용한다. 이 경우 "범죄신고자등"은 "피해자등 또는 스토킹범죄를 신고한 사람"으로 본다.
[본조신설 2023.7.11.]

---

5) 법원은 스토킹범죄의 피해자 보호를 위하여 필요하다고 인정하는 경우, 결정으로 스토킹행위자에게 '피해자의 주거로부터 100미터 이내의 접근 금지' 조치를 할 수 있다. ( ) ▶ ○
6) 사법경찰관은 스토킹범죄의 원활한 조사·심리를 위하여 필요하다고 인정하는 경우, 직권으로 스토킹행위자에게 '국가경찰관서의 유치장 또는 구치소에의 유치' 조치를 할 수 있다. ( ) ▶ ✕

제17조의4 피해자에 대한 변호사 선임의 특례

① 피해자 및 그 법정대리인은 형사절차상 입을 수 있는 피해를 방어하고 법률적 조력을 보장받기 위하여 변호사를 선임할 수 있다.

② 제1항에 따라 선임된 변호사(이하 이 조에서 "변호사"라 한다)는 검사 또는 사법경찰관의 피해자 및 그 법정대리인에 대한 조사에 참여하여 의견을 진술할 수 있다. 다만, 조사 도중에는 검사 또는 사법경찰관의 승인을 받아 의견을 진술할 수 있다.

③ 변호사는 피의자에 대한 구속 전 피의자심문, 증거보전절차, 공판준비기일 및 공판절차에 출석하여 의견을 진술할 수 있다. 이 경우 필요한 절차에 관한 구체적 사항은 대법원규칙으로 정한다.

④ 변호사는 증거보전 후 관계 서류나 증거물, 소송계속 중의 관계 서류나 증거물을 열람하거나 복사할 수 있다.

⑤ 변호사는 형사절차에서 피해자 및 법정대리인의 대리가 허용될 수 있는 모든 소송행위에 대한 포괄적인 대리권을 가진다.

⑥ 검사는 피해자에게 변호사가 없는 경우 국선변호사를 선정하여 형사절차에서 피해자의 권익을 보호할 수 있다.
[본조신설 2023.7.11.]

제18조 스토킹범죄

① 스토킹범죄를 저지른 사람은 3년 이하의 징역 또는 3천만 원 이하의 벌금에 처한다.

② 흉기 또는 그 밖의 위험한 물건을 휴대하거나 이용하여 스토킹범죄를 저지른 사람은 5년 이하의 징역 또는 5천만 원 이하의 벌금에 처한다.

③ 삭제(← 제1항의 죄는 피해자가 구체적으로 밝힌 의사에 반하여 공소를 제기할 수 없다.) <2023.7.11.>

제19조 형벌과 수강명령 등의 병과

① 법원은 스토킹범죄를 저지른 사람에 대하여 유죄판결(선고유예는 제외한다)을 선고하거나 약식명령을 고지하는 경우에는 200시간의 범위에서 다음 각 호의 구분에 따라 재범 예방에 필요한 수강명령(「보호관찰 등에 관한 법률」에 따른 수강명령을 말한다. 이하 같다) 또는 스토킹 치료프로그램의 이수명령(이하 "이수명령"이라 한다)을 병과할 수 있다. 23. 보호7)

　1. 수강명령: 형의 집행을 유예할 경우에 그 집행유예기간 내에서 병과

　2. 이수명령: 벌금형 또는 징역형의 실형을 선고하거나 약식명령을 고지할 경우에 병과

② 법원은 스토킹범죄를 저지른 사람에 대하여 형의 집행을 유예하는 경우에는 제1항에 따른 수강명령 외에 그 집행유예기간 내에서 보호관찰 또는 사회봉사 중 하나 이상의 처분을 병과할 수 있다.

④ 제1항에 따른 수강명령 또는 이수명령은 다음 각 호의 구분에 따라 각각 집행한다. 23. 보호8)

　1. 형의 집행을 유예할 경우: 그 집행유예기간 내

　2. 벌금형을 선고하거나 약식명령을 고지할 경우: 형 확정일부터 6개월 이내

　3. 징역형의 실형을 선고할 경우: 형기 내

---

7) 법원이 스토킹범죄를 저지른 사람에 대하여 형의 선고를 유예하는 경우에는 200시간의 범위에서 재범 예방에 필요한 수강명령을 병과할 수 있다. (　)　　▶ ×

8) 법원이 스토킹범죄를 저지른 사람에 대하여 벌금형의 선고와 함께 120시간의 스토킹 치료프로그램의 이수를 명한 경우 그 이수명령은 형 확정일부터 6개월 이내에 집행한다. (　)　　▶ ○

05 특정중대범죄 피의자 등 신상정보 공개에 관한 법률

제1조 목적

이 법은 국가, 사회, 개인에게 중대한 해악을 끼치는 특정중대범죄 사건에 대하여 수사 및 재판 단계에서 피의자 또는 피고인의 신상정보 공개에 대한 대상과 절차 등을 규정함으로써 국민의 알권리를 보장하고 범죄를 예방하여 안전한 사회를 구현하는 것을 목적으로 한다.

제2조 정의

이 법에서 "특정중대범죄"란 다음 각 호의 어느 하나에 해당하는 죄를 말한다.

1. 「형법」 제2편 제1장 내란의 죄 및 같은 편 제2장 외환의 죄
2. 「형법」 제114조(범죄단체 등의 조직)의 죄
3. 「형법」 제119조(폭발물 사용)의 죄
4. 「형법」 제164조(현주건조물 등 방화) 제2항의 죄
5. 「형법」 제2편 제25장 상해와 폭행의 죄 중 제258조(중상해, 존속중상해), 제258조의2(특수상해), 제259조(상해치사) 및 제262조(폭행치사상)의 죄. 다만, 제262조(폭행치사상)의 죄의 경우 중상해 또는 사망에 이른 경우에 한정한다.
6. 「특정강력범죄의 처벌에 관한 특례법」 제2조의 특정강력범죄
7. 「성폭력범죄의 처벌 등에 관한 특례법」 제2조의 성폭력범죄
8. 「아동·청소년의 성보호에 관한 법률」 제2조 제2호의 아동·청소년대상 성범죄. 다만, 같은 법 제13조, 제14조 제3항, 제15조 제2항·제3항 및 제15조의2의 죄는 제외한다.
9. 「마약류 관리에 관한 법률」 제58조의 죄. 다만, 같은 조 제4항의 죄는 제외한다.
10. 「마약류 불법거래 방지에 관한 특례법」 제6조 및 제9조 제1항의 죄
11. 제1호부터 제10호까지의 죄로서 다른 법률에 따라 가중처벌되는 죄

제4조 피의자의 신상정보 공개

① 검사와 사법경찰관은 다음 각 호의 요건을 모두 갖춘 특정중대범죄사건의 피의자의 얼굴, 성명 및 나이(이하 "신상정보"라 한다)를 공개할 수 있다. 다만, 피의자가 미성년자인 경우에는 공개하지 아니한다.

　1. 범행수단이 잔인하고 중대한 피해가 발생하였을 것(제2조 제3호부터 제6호까지의 죄에 한정한다)
　2. 피의자가 그 죄를 범하였다고 믿을 만한 충분한 증거가 있을 것
　3. 국민의 알권리 보장, 피의자의 재범 방지 및 범죄예방 등 오로지 공공의 이익을 위하여 필요할 것

② 검사와 사법경찰관은 제1항에 따라 신상정보 공개를 결정할 때에는 범죄의 중대성, 범행 후 정황, 피해자 보호 필요성, 피해자(피해자가 사망한 경우 피해자의 유족을 포함한다)의 의사 등을 종합적으로 고려하여야 한다.

③ 검사와 사법경찰관은 제1항에 따라 신상정보를 공개할 때에는 피의자의 인권을 고려하여 신중하게 결정하고 이를 남용하여서는 아니 된다.

④ 제1항에 따라 공개하는 피의자의 얼굴은 특별한 사정이 없으면 공개 결정일 전후 30일 이내의 모습으로 한다. 이 경우 검사와 사법경찰관은 다른 법령에 따라 적법하게 수집·보관하고 있는 사진, 영상물 등이 있는 때에는 이를 활용하여 공개할 수 있다.

⑤ 검사와 사법경찰관은 제1항에 따라 피의자의 얼굴을 공개하기 위하여 필요한 경우 피의자를 식별할 수 있도록 피의자의 얼굴을 촬영할 수 있다. 이 경우 피의자는 이에 따라야 한다.

⑥ 검사와 사법경찰관은 제1항에 따라 피의자의 신상정보 공개를 결정하기 전에 피의자에게 의견을 진술할 기회를 주어야 한다. 다만, 신상정보공개심의위원회에서 피의자의 의견을 청취한 경우에는 이를 생략할 수 있다.

⑦ 검사와 사법경찰관은 피의자에게 신상정보 공개를 통지한 날부터 5일 이상의 유예기간을 두고 신상정보를 공개하여야 한다. 다만, 피의자가 신상정보 공개 결정에 대하여 서면으로 이의 없음을 표시한 때에는 유예기간을 두지 아니할 수 있다.

⑧ 검사와 사법경찰관은 정보통신망을 이용하여 그 신상정보를 30일간 공개한다.

제5조 피고인의 신상정보 공개

① 검사는 공소제기 시까지 특정중대범죄사건이 아니었으나 재판 과정에서 특정중대범죄사건으로 공소사실이 변경된 사건의 피고인으로서 제4조 제1항 각 호의 요건을 모두 갖춘 피고인에 대하여 피고인의 현재지 또는 최후 거주지를 관할하는 법원에 신상정보의 공개를 청구할 수 있다. 다만, 피고인이 미성년자인 경우는 제외한다.

② 제1항에 따른 청구는 해당 특정중대범죄 피고사건의 항소심 변론종결 시까지 하여야 한다.

③ 제1항에 따른 청구에 관하여는 해당 특정중대범죄 피고사건을 심리하는 재판부가 아닌 별도의 재판부에서 결정한다.

④ 법원은 피고인의 신상정보 공개 여부를 결정하기 위하여 필요하다고 인정하는 때에는 검사, 피고인, 그 밖의 참고인으로부터 의견을 들을 수 있다.

⑤ 제1항에 따른 청구를 받은 법원은 청구의 허부에 관한 결정을 하여야 한다.

⑥ 제5항의 결정에 대하여는 즉시항고를 할 수 있다.

⑦ 법원의 신상정보 공개 결정은 검사가 집행하고, 이에 대하여는 제4조 제4항·제5항·제8항·제9항을 준용한다.

제6조 피의자에 대한 보상

① 피의자로서 이 법에 따라 신상정보가 공개된 자 중 검사로부터 불기소처분을 받거나 사법경찰관으로부터 불송치결정을 받은 자는 「형사보상 및 명예회복에 관한 법률」에 따른 형사보상과 별도로 국가에 대하여 신상정보의 공개에 따른 보상을 청구할 수 있다. 다만, 신상정보가 공개된 이후 불기소처분 또는 불송치결정의 사유가 있는 경우와 해당 불기소처분 또는 불송치결정이 종국적인 것이 아니거나 「형사소송법」 제247조에 따른 것일 경우에는 그러하지 아니하다.

② 다음 각 호의 어느 하나에 해당하는 경우에는 제1항에 따른 보상의 전부 또는 일부를 지급하지 아니할 수 있다.

1. 본인이 수사 또는 재판을 그르칠 목적으로 거짓 자백을 하거나 다른 유죄의 증거를 만듦으로써 신상정보가 공개된 것으로 인정되는 경우

2. 보상을 하는 것이 선량한 풍속이나 그 밖에 사회질서에 위배된다고 인정할 특별한 사정이 있는 경우

③ 제1항에 따른 보상을 할 때에는 1천만원 이내에서 모든 사정을 고려하여 타당하다고 인정하는 금액을 보상한다. 이 경우 신상공개로 인하여 발생한 재산상의 손실액이 증명되었을 때에는 그 손실액도 보상한다.

제7조 피고인에 대한 보상

① 이 법에 따라 <u>신상정보가 공개된 피고인</u>이 해당 특정중대범죄에 대하여 <u>무죄재판을 받아 확정되었을 때</u>에는 「형사보상 및 명예회복에 관한 법률」에 따른 <u>형사보상과 별도로</u> 국가에 대하여 <u>신상정보의 공개에 따른 보상을 청구</u>할 수 있다.

② 다음 각 호의 어느 하나에 해당하는 경우에는 법원은 재량으로 보상청구의 전부 또는 일부를 기각할 수 있다.

　1. 「형법」 제9조 및 제10조 제1항의 사유로 무죄재판을 받은 경우

　2. 본인이 수사 또는 심판을 그르칠 목적으로 거짓 자백을 하거나 다른 유죄의 증거를 만듦으로써 기소, 신상정보 공개, 또는 유죄재판을 받게 된 것으로 인정된 경우

　3. 수개의 특정중대범죄로 인하여 신상정보가 공개된 피고인이 1개의 재판으로 경합범의 일부인 특정중대범죄에 대하여 무죄재판을 받고 다른 특정중대범죄에 대하여 유죄재판을 받은 경우

③ 제1항에 따른 보상을 할 때에는 1천만원 이내에서 모든 사정을 고려하여 법원이 타당하다고 인정하는 금액을 보상한다. 이 경우 신상공개로 인하여 발생한 재산상의 손실액이 증명되었을 때에는 그 손실액도 보상한다.

제8조 신상정보공개심의위원회

① <u>검찰총장 및 경찰청장</u>은 제4조에 따른 신상정보 공개 여부에 관한 사항을 심의하기 위하여 신상정보공개심의위원회를 둘 수 있다.

② 신상정보공개심의위원회는 위원장을 포함하여 10인 이내의 위원으로 구성한다.

③ 신상정보공개심의위원회는 신상정보 공개 여부에 관한 사항을 심의할 때 <u>피의자에게 의견을 진술할 기회</u>를 주어야 한다.

06 형법

제9조 형사미성년자

14세 되지 아니한 자의 행위는 벌하지 아니한다. 23. 보호71)

제10조 심신장애자

① 심신장애로 인하여 사물을 변별할 능력이 없거나 의사를 결정할 능력이 없는 자(→ 심신상실자)의 행위는 벌하지 아니한다.

② 심신장애로 인하여 전항의 능력이 미약한 자(→ 심신미약자)의 행위는 형을 감경할 수 있다.

제12조 강요된 행위

저항할 수 없는 폭력이나 자기 또는 친족의 생명, 신체에 대한 위해를 방어할 방법이 없는 협박에 의하여 강요된 행위는 벌하지 아니한다.

제14조 과실

정상적으로 기울여야 할 주의(注意)를 게을리하여 죄의 성립요소인 사실을 인식하지 못한 행위는 법률에 특별한 규정이 있는 경우에만 처벌한다.

제20조 정당행위

법령에 의한 행위 또는 업무로 인한 행위 기타 사회상규에 위배되지 아니하는 행위는 벌하지 아니한다.

제21조 정당방위

① 현재의 부당한 침해로부터 자기 또는 타인의 법익(法益)을 방위하기 위하여 한 행위는 상당한 이유가 있는 경우에는 벌하지 아니한다.

제22조 긴급피난

① 자기 또는 타인의 법익에 대한 현재의 위난을 피하기 위한 행위는 상당한 이유가 있는 때에는 벌하지 아니한다.

제35조 누범

① 금고 이상의 형을 선고받아 그 집행이 종료되거나 면제된 후 3년 내에 금고 이상에 해당하는 죄(→ 고의범·과실범 불문)를 지은 사람은 누범으로 처벌한다.

② 누범의 형은 그 죄에 대하여 정한 형의 장기의 2배까지 가중한다. 15. 사시

---

1) 「형법」상 형사미성년자는 14세가 되지 아니한 자이다. (   )   ▶ ○

제36조 판결선고 후의 누범발각

판결선고 후 누범인 것이 발각된 때에는 그 선고한 형을 통산하여 다시 형을 정할 수 있다. 단, 선고한 형의 집행을 종료하거나 그 집행이 면제된 후에는 예외로 한다.

제41조 형의 종류

형의 종류는 다음과 같다.

1. 사형   2. 징역   3. 금고   4. 자격상실   5. 자격정지
6. 벌금   7. 구류   8. 과료   9. 몰수

제42조 징역 또는 금고의 기간

징역 또는 금고는 무기 또는 유기로 하고 유기는 1개월 이상 30년 이하로 한다. 단, 유기징역 또는 유기금고에 대하여 형을 가중하는 때에는 50년까지로 한다. 22. 보호7★ 2)

제43조 형의 선고와 자격상실, 자격정지

① 사형, 무기징역 또는 무기금고의 판결을 받은 자는 다음에 기재한 자격을 상실한다.
   1. 공무원이 되는 자격
   2. 공법상의 선거권과 피선거권
   3. 법률로 요건을 정한 공법상의 업무에 관한 자격
   4. 법인의 이사, 감사 또는 지배인 기타 법인의 업무에 관한 검사역이나 재산관리인이 되는 자격
② 유기징역 또는 유기금고의 판결을 받은 자는 그 형의 집행이 종료하거나 면제될 때까지 전항 제1호 내지 제3호에 기재된 자격이 정지된다(→ 당연정지). 다만, 다른 법률에 특별한 규정이 있는 경우에는 그 법률에 따른다.

제44조 자격정지

① 전조에 기재한 자격의 전부 또는 일부에 대한 정지는 1년 이상 15년 이하로 한다(→ 선고정지). 19. 승진
② 유기징역 또는 유기금고에 자격정지를 병과한 때에는 징역 또는 금고의 집행을 종료하거나 면제된 날로부터 정지기간을 기산한다. 24. 교정9★ 3)

제45조 벌금

벌금은 5만 원 이상으로 한다(→ 상한의 제한 ✕). 다만, 감경하는 경우에는 5만 원 미만으로 할 수 있다. 23. 보호7★ 4)

제46조 구류

구류는 1일 이상 30일 미만으로 한다. 19. 승진★

---

2) 유기징역 또는 유기금고는 1개월 이상 25년 이하로 하되, 형을 가중하는 때에는 50년까지로 한다. (   )   ▶ ✕
3) 「형법」상 유기징역 또는 유기금고에 자격정지를 병과한 때에는 징역 또는 금고의 집행을 종료하거나 면제된 날로부터 정지기간을 기산한다. (   )   ▶ ○
4) 벌금을 감경하는 경우에는 5만 원 미만으로 할 수 있다. (   )   ▶ ○

제47조 과료

과료는 2천 원 이상 5만 원 미만으로 한다. 19. 교정9★

제48조 몰수의 대상과 추징

① 범인(→ 공범 포함) 외의 자의 소유에 속하지 아니하거나 범죄 후 범인 외의 자가 사정을 알면서 취득한 다음 각 호의 물건(→ 권리 또는 이익 포함)은 전부 또는 일부를 몰수할 수 있다(→ 임의적 몰수).

1. 범죄행위에 제공하였거나 제공하려고 한 물건
2. 범죄행위로 인하여 생겼거나 취득한 물건
3. 제1호 또는 제2호의 대가로 취득한 물건

② 제1항 각 호의 물건을 몰수할 수 없을 때에는 그 가액을 추징(→ 형벌 ✕, 사법처분 ◯)한다.

③ 문서, 도화, 전자기록 등 특수매체기록 또는 유가증권의 일부가 몰수의 대상이 된 경우에는 그 부분을 폐기한다.

13. 사시

제49조 몰수의 부가성

몰수는 타형에 부가하여 과한다. 단, 행위자에게 유죄의 재판을 아니할 때에도 몰수의 요건이 있는 때에는 몰수만을 선고할 수 있다. 15. 교정9★

> **✛「범죄수익은닉의 규제 및 처벌 등에 관한 법률」상 몰수 및 추징의 특례**
>
> **제1조【목적】** 이 법은 특정범죄와 관련된 범죄수익의 취득 등에 관한 사실을 가장하거나 특정범죄를 조장할 목적 또는 적법하게 취득한 재산으로 가장할 목적으로 범죄수익을 은닉하는 행위를 규제하고, 특정범죄와 관련된 범죄수익의 몰수 및 추징에 관한 특례를 규정함으로써 특정범죄를 조장하는 경제적 요인을 근원적으로 제거하여 건전한 사회질서의 유지에 이바지함을 목적으로 한다.
>
> **제2조【정의】** 이 법에서 사용하는 용어의 뜻은 다음과 같다.
> 4. "범죄수익등"이란 범죄수익, 범죄수익에서 유래한 재산 및 이들 재산과 그 외의 재산이 합쳐진 재산을 말한다.
>
> **제8조【범죄수익등의 몰수】** ① 다음 각 호의 재산은 몰수할 수 있다.
> 1. 범죄수익
> 2. 범죄수익에서 유래한 재산
> 3. 제3조 또는 제4조의 범죄행위에 관계된 범죄수익등
> 4. 제3조 또는 제4조의 범죄행위에 의하여 생긴 재산 또는 그 범죄행위의 보수로 얻은 재산
> 5. 제3호 또는 제4호에 따른 재산의 과실 또는 대가로 얻은 재산 또는 이들 재산의 대가로 얻은 재산, 그 밖에 그 재산의 보유 또는 처분에 의하여 얻은 재산

제51조 양형의 조건

형을 정함에 있어서는 다음 사항을 참작하여야 한다(→ 예시적 규정). 22. 보호7★ 5)

1. 범인의 연령, 성행, 지능과 환경
2. 피해자에 대한 관계
3. 범행의 동기, 수단과 결과
4. 범행 후의 정황

---

5)「형법」에 의하면 피해의 정도뿐만 아니라 가해자와 피해자의 관계도 양형에 고려된다. ( )　　　　　▶ ◯

제53조 정상참작감경

범죄의 정상에 참작할 만한 사유가 있는 경우에는 그 형을 <u>감경할 수 있다</u>.

제57조 판결선고 전 구금일수의 통산

① <u>판결선고 전의 구금일수</u>는 그 <u>전부</u>를 <u>유기징역, 유기금고, 벌금이나 과료에 관한 유치 또는 구류</u>(→ 사형, 무기징역·금고 제외)에 <u>산입한다</u>.

제58조 판결의 공시

① 피해자의 이익을 위하여 필요하다고 인정할 때에는 피해자의 청구가 있는 경우에 한하여 피고인의 부담으로 판결공시의 취지를 선고할 수 있다. 11. 사시

제59조 선고유예의 요건

① 1년 이하의 징역이나 금고, 자격정지 또는 벌금의 형을 선고할 경우에 제51조의 사항을 고려하여 뉘우치는 정상이 뚜렷할 때에는 그 형의 선고를 유예할 수 있다. 다만, 자격정지 이상의 형을 받은 전과가 있는 사람에 대해서는 예외로 한다. 24. 보호9★

② 형을 병과할 경우에도 형의 전부 또는 일부에 대하여 선고를 유예할 수 있다.

제59조의2 보호관찰

① 형의 선고를 유예하는 경우에 재범방지를 위하여 지도 및 원호가 필요한 때에는 보호관찰을 받을 것을 명할 수 있다(→ 임의적 보호관찰). 23. 보호7★

② 제1항의 규정에 의한 보호관찰의 기간은 1년으로 한다. 23. 보호7★ 6)

제60조 선고유예의 효과

형의 선고유예를 받은 날로부터 2년을 경과한 때에는 면소된 것으로 간주한다. 23. 보호7★ 7)

제61조 선고유예의 실효

① 형의 선고유예를 받은 자가 유예기간 중 자격정지 이상의 형에 처한 판결이 확정되거나 자격정지 이상의 형에 처한 전과가 발견된 때에는 유예한 형을 선고한다(→ 필요적 실효).

② 제59조의2의 규정에 의하여 보호관찰을 명한 선고유예를 받은 자가 보호관찰기간 중에 준수사항을 위반하고 그 정도가 무거운 때에는 유예한 형을 선고할 수 있다(→ 임의적 실효). 16. 보호7★

제62조 집행유예의 요건

① 3년 이하의 징역이나 금고 또는 500만 원 이하의 벌금의 형을 선고할 경우에 제51조의 사항을 참작하여 그 정상에 참작할 만한 사유가 있는 때에는 1년 이상 5년 이하의 기간 형의 집행을 유예할 수 있다. 다만, 금고 이상의 형을 선고한 판결이 확정된 때부터 그 집행을 종료하거나 면제된 후 3년까지의 기간에 범한 죄에 대하여 형을 선고하는 경우에는 그러하지 아니하다. 24. 보호9★ 8)9)

② 형을 병과할 경우에는 그 형의 일부에 대하여 집행을 유예할 수 있다. 24. 보호9★ 10)

---

6) 형의 선고를 유예하는 경우에 재범방지를 위하여 지도 및 원호가 필요한 때에는 보호관찰을 받을 것을 명할 수 있는데, 이에 따른 보호관찰의 기간은 1년으로 한다. (　)　▶ ○

7) 형의 선고유예를 받은 날로부터 2년을 경과한 때에는 기소유예된 것으로 간주한다. (　)　▶ ✕

8) 1천만 원 이하의 벌금의 형을 선고할 경우에 「형법」 제51조의 사항을 참작하여 그 정상에 참작할 만한 사유가 있는 때에는 1년 이상 5년 이하의 기간 형의 집행을 유예할 수 있다. (　)　▶ ✕

9) 500만 원 이하 벌금형을 선고할 경우 피고인의 사정을 고려하여 100만 원만 집행하고 400만 원은 집행을 유예할 수 있다. (　)　▶ ✕

10) 형을 병과할 경우에는 그 형의 일부에 대하여 집행을 유예할 수 있다. (　)　▶ ○

제62조의2 보호관찰, 사회봉사 · 수강명령

① 형의 집행을 유예하는 경우에는 <u>보호관찰을 받을 것을 명하거나 사회봉사 또는 수강을 명할 수 있다</u>. 20. 승진★[11]

② 제1항의 규정에 의한 <u>보호관찰의 기간은 집행을 유예한 기간으로 한다. 다만, 법원은 유예기간의 범위 내에서 보호관찰기간을 정할 수 있다</u>. 20. 보호7★[12]

③ <u>사회봉사명령 또는 수강명령은 집행유예기간 내에 이를 집행한다</u>. 20. 보호7★[13]

> **┿「보호관찰 등에 관한 법률」상 사회봉사명령 · 수강명령의 기간**
>
> **제59조 【사회봉사명령 · 수강명령의 범위】** ① 법원은 「형법」 제62조의2에 따른 사회봉사를 명할 때에는 <u>500시간</u>, 수강을 명할 때에는 <u>200시간</u>의 범위에서 그 기간을 정하여야 한다. 다만, 다른 법률에 특별한 규정이 있는 경우에는 그 법률에서 정하는 바에 따른다.

제63조 집행유예의 실효

집행유예의 선고를 받은 자가 <u>유예기간 중 고의로 범한 죄로 금고 이상의 실형을 선고받아</u> 그 판결이 확정된 때에는 집행유예의 선고는 <u>효력을 잃는다</u>. 15. 사시★

제64조 집행유예의 취소

① 집행유예의 선고를 받은 후 제62조 단행의 사유가 발각된 때에는 집행유예의 <u>선고를 취소한다</u>(→ 필요적 취소).

② 제62조의2의 규정에 의하여 <u>보호관찰이나 사회봉사 또는 수강을 명한 집행유예를 받은 자가 준수사항이나 명령을 위반하고 그 정도가 무거운 때</u>에는 집행유예의 <u>선고를 취소할 수 있다</u>(→ 임의적 취소).

제65조 집행유예의 효과

집행유예의 선고를 받은 후 그 선고의 <u>실효 또는 취소됨이 없이 유예기간을 경과한 때</u>에는 <u>형의 선고는 효력을 잃는다</u>. 15. 사시★

제66조 사형

사형은 <u>교정시설 안에서 교수하여</u> 집행한다. 12. 경채★

> **┿「군형법」상 사형의 집행**
>
> **제3조 【사형 집행】** 사형은 소속 군 참모총장 또는 군사법원의 관할관이 지정한 장소에서 <u>총살로써</u> 집행한다. 12. 경채★

제67조 징역

징역은 <u>교정시설에 수용하여</u> 집행하며, <u>정해진 노역에 복무하게 한다</u>(→ 징역의무 ○). 24. 교정9★[14]

---

11) 형의 집행을 유예하는 경우에는 보호관찰을 받을 것을 명하거나 사회봉사 또는 수강을 명할 수 있고, 사회봉사 또는 수강명령은 집행유예기간 내에 이를 집행한다. (　)　▶ ○

12) 형의 선고를 유예하거나 형의 집행을 유예하는 경우 보호관찰의 기간은 1년으로 한다. (　)　▶ ×

13) 형의 집행유예 시 부과되는 수강명령은 집행유예기간이 완료된 이후에 이를 집행한다. (　)　▶ ×

14) 징역은 교정시설에 수용하여 집행하며, 정해진 노역에 복무하게 한다. (　)　▶ ○

제68조 금고와 구류

금고와 구류는 교정시설에 수용하여 집행한다(→ 정역의무 ✕). 14. 사시★

> **╋「형의 집행 및 수용자의 처우에 관한 법률」상 신청에 따른 작업**
>
> **제67조【신청에 따른 작업】** 소장은 금고형 또는 구류형의 집행 중에 있는 사람에 대하여는 신청에 따라 작업을 부과할 수 있다. 14. 사시★

제69조 벌금과 과료

① 벌금과 과료는 판결확정일로부터 30일내에 납입하여야 한다. 단, 벌금을 선고할 때에는 동시에 그 금액을 완납할 때까지 노역장에 유치할 것을 명할 수 있다. 24. 교정9★ [15]

② 벌금을 납입하지 아니한 자는 1일 이상 3년 이하, 과료를 납입하지 아니한 자는 1일 이상 30일 미만의 기간 노역장에 유치하여 작업에 복무하게 한다. 22. 보호7★ [16]

제70조 노역장 유치

① 벌금이나 과료를 선고할 때에는 이를 납입하지 아니하는 경우의 노역장 유치기간을 정하여 동시에 선고하여야 한다. 19. 승진★

② 선고하는 벌금이 1억 원 이상 5억 원 미만인 경우에는 300일 이상, 5억 원 이상 50억 원 미만인 경우에는 500일 이상, 50억 원 이상인 경우에는 1천일 이상의 노역장 유치기간을 정하여야 한다. 23. 보호7★ [17][18]

제71조 유치일수의 공제

벌금이나 과료의 선고를 받은 사람이 그 금액의 일부를 납입한 경우에는 벌금 또는 과료액과 노역장 유치기간의 일수에 비례하여 납입금액에 해당하는 일수를 뺀다. 24. 교정9 [19]

제72조 가석방의 요건

① 징역이나 금고의 집행 중에 있는 사람이 행상이 양호하여 뉘우침이 뚜렷한 때에는 무기형은 20년, 유기형은 형기의 3분의 1이 지난 후 행정처분으로 가석방을 할 수 있다. 20. 보호7★ [20]

② 제1항의 경우에 벌금이나 과료가 병과되어 있는 때에는 그 금액을 완납하여야 한다. 11. 교정9★

---

15) 벌금과 과료는 판결확정일로부터 30일 내에 납입하여야 한다. 다만, 벌금을 선고할 때에는 동시에 그 금액을 완납할 때까지 노역장에 유치할 것을 명하여야 한다. ( ) ▶ ✕

16) 벌금을 납입하지 아니한 자는 1일 이상 3년 이하, 과료를 납입하지 아니한 자는 1일 이상 30일 미만의 기간 노역장에 유치하여 작업에 복무하게 한다. ( ) ▶ ○

17) 벌금에 대한 노역장 유치기간을 정하는 경우, 선고하는 벌금이 1억 원 이상 5억 원 미만인 경우에는 300일 이상, 5억 원 이상 50억 원 미만인 경우에는 500일 이상, 50억 원 이상인 경우에는 1천일 이상의 유치기간을 정하여야 한다. ( ) ▶ ○

18) 60억 원의 벌금을 선고하면서 이를 납입하지 아니하는 경우의 노역장 유치기간을 700일로 정할 수 있다. ( ) ▶ ✕

19) 과료의 선고를 받은 자가 그 일부를 납입한 때에는 과료액과 유치기간의 일수에 비례하여 납입금액에 상당한 일수를 제한다. ( ) ▶ ○

20) 징역 또는 금고의 집행 중에 있는 자가 그 행상이 양호하여 개전의 정이 현저한 때에는 무기에 있어서는 10년, 유기에 있어서는 형기의 2분의 1을 경과한 후 행정처분으로 가석방을 할 수 있다. ( ) ▶ ✕

제73조 판결선고 전 구금과 가석방

① 형기에 산입된 판결선고 전 구금일수는 가석방을 하는 경우 집행한 기간에 산입한다. 21. 보호7★ 21)

② 제72조 제2항의 경우에 벌금이나 과료에 관한 노역장 유치기간에 산입된 판결선고 전 구금일수는 그에 해당하는 금액이 납입된 것으로 본다.

제73조의2 가석방의 기간 및 보호관찰

① 가석방의 기간은 무기형에 있어서는 10년으로 하고, 유기형에 있어서는 남은 형기로 하되, 그 기간은 10년을 초과할 수 없다. 21. 보호7★ 22)

② 가석방된 자는 가석방기간 중 보호관찰을 받는다. 다만, 가석방을 허가한 행정관청이 필요가 없다고 인정한 때에는 그러하지 아니하다(→ 필요적 보호관찰, 예외 ○). 21. 보호7★

제74조 가석방의 실효

가석방 기간 중 고의로 지은 죄로 금고 이상의 형을 선고받아 그 판결이 확정된 경우에 가석방 처분은 효력을 잃는다(→ 필요적 실효). 19. 승진★

제75조 가석방의 취소

가석방의 처분을 받은 자가 감시에 관한 규칙을 위배하거나, 보호관찰의 준수사항을 위반하고 그 정도가 무거운 때에는 가석방처분을 취소할 수 있다(→ 임의적 취소). 20. 보호7★ 23)

제76조 가석방의 효과

① 가석방의 처분을 받은 후 그 처분이 실효 또는 취소되지 아니하고 가석방기간을 경과한 때에는 형의 집행을 종료한 것으로 본다. 19. 승진★

② 전조(→ 가석방의 실효·취소)의 경우에는 가석방중의 일수는 형기에 산입하지 아니한다(→ 가석방 당시의 잔형기의 형을 집행). 15. 사시

> **✛ 「소년법」상 가석방의 요건 및 효과**
>
> **제65조【가석방】** 징역 또는 금고를 선고받은 소년에 대하여는 다음 각 호의 기간이 지나면 가석방을 허가할 수 있다. 20. 보호7★
> 1. 무기형의 경우에는 5년
> 2. 15년 유기형의 경우에는 3년
> 3. 부정기형의 경우에는 단기의 3분의 1
>
> **제66조【가석방 기간의 종료】** 징역 또는 금고를 선고받은 소년이 가석방된 후 그 처분이 취소되지 아니하고 가석방 전에 집행을 받은 기간과 같은 기간이 지난 경우에는 형의 집행을 종료한 것으로 한다. 다만, 제59조의 형기 또는 제60조 제1항에 따른 장기의 기간이 먼저 지난 경우에는 그 때에 형의 집행을 종료한 것으로 한다. 11. 사시★

---

21) 형기에 산입된 판결선고 전 구금의 일수는 가석방에 있어서 집행을 경과한 기간에 산입하지 아니한다. ( )   ▶ ✕

22) 가석방의 기간은 무기형에 있어서는 20년으로 하고, 유기형에 있어서는 남은 형기로 하되, 그 기간은 10년을 초과할 수 없다. ( )   ▶ ✕

23) 가석방의 처분을 받은 자가 감시에 관한 규칙을 위배하거나, 보호관찰의 준수사항을 위반하고 그 정도가 무거운 때에는 가석방처분을 취소할 수 있다. ( )   ▶ ○

제77조 형의 시효의 효과

형(사형을 제외한다)을 선고받은 자에 대해서는 시효가 완성되면 그 집행이 면제된다. <개정 2023.8.8.> 15. 사시★

제78조 형의 시효의 기간

시효는 형을 선고하는 재판이 확정된 후 그 집행을 받지 아니하고 다음 각 호의 구분에 따른 기간이 지나면 완성된다. <개정 2023.8.8.>

1. 삭제(← 사형: 30년)

2. 무기의 징역 또는 금고: 20년

3. 10년 이상의 징역 또는 금고: 15년

4. 3년 이상의 징역이나 금고 또는 10년 이상의 자격정지: 10년

5. 3년 미만의 징역이나 금고 또는 5년 이상의 자격정지: 7년(←5년)

6. 5년 미만의 자격정지, 벌금, 몰수 또는 추징: 5년(←3년) 23. 보호7★ 24)

7. 구류 또는 과료: 1년

제79조 형의 시효의 정지

① 시효는 형의 집행의 유예나 정지 또는 가석방 기타 집행할 수 없는 기간은 진행되지 아니한다.

② 시효는 형이 확정된 후 그 형의 집행을 받지 아니한 사람이 형의 집행을 면할 목적으로 국외에 있는 기간 동안은 진행되지 아니한다. <개정 2023.8.8.>

제80조 형의 시효의 중단

시효는 징역, 금고 및 구류의 경우에는 수형자를 체포한 때, 벌금, 과료, 몰수 및 추징의 경우에는 강제처분을 개시한 때에 인하여 중단된다. <개정 2023.8.8.> 13. 교정9

제81조 형의 실효

징역 또는 금고의 집행을 종료하거나 집행이 면제된 자가 피해자의 손해를 보상하고 자격정지 이상의 형을 받음이 없이 7년을 경과한 때에는 본인 또는 검사의 신청에 의하여 그 재판의 실효를 선고할 수 있다. 24. 교정9★

제82조 복권

자격정지의 선고를 받은 자가 피해자의 손해를 보상하고 자격정지 이상의 형을 받음이 없이 정지기간의 2분의 1을 경과한 때에는 본인 또는 검사의 신청에 의하여 자격의 회복을 선고할 수 있다. 24. 교정925)

---

24) 형의 시효는 벌금형을 선고하는 재판이 확정된 후 그 집행을 받음이 없이 3년을 경과함으로 인하여 완성된다. ( ) ▶ ×

25) 자격정지의 선고를 받은 자가 피해자의 손해를 보상하고 자격정지 이상의 형을 받음이 없이 정지기간의 2분의 1을 경과한 때에는 본인 또는 검사의 신청에 의하여 법원은 자격의 회복을 선고할 수 있다. ( ) ▶ ○

+ 「사면법」의 주요 내용

제2조【사면의 종류】 사면은 일반사면과 특별사면으로 구분한다.

제3조【사면 등의 대상】 사면, 감형 및 복권의 대상은 다음 각 호와 같다.

　1. 일반사면: 죄를 범한 자

　2. 특별사면 및 감형: 형을 선고받은 자 23. 보호7[26]

　3. 복권: 형의 선고로 인하여 법령에 따른 자격이 상실되거나 정지된 자

제5조【사면 등의 효과】 ① 사면, 감형 및 복권의 효과는 다음 각 호와 같다.

　1. 일반사면: 형 선고의 효력이 상실되며, 형을 선고받지 아니한 자에 대하여는 공소권이 상실된다. 다만, 특별한 규정이 있을 때에는 예외로 한다. 23. 보호7★[27]

　2. 특별사면: 형의 집행이 면제된다. 다만, 특별한 사정이 있을 때에는 이후 형 선고의 효력을 상실하게 할 수 있다.

　3. 일반에 대한 감형: 특별한 규정이 없는 경우에는 형을 변경한다.

　4. 특정한 자에 대한 감형: 형의 집행을 경감한다. 다만, 특별한 사정이 있을 때에는 형을 변경할 수 있다.

　5. 복권: 형 선고의 효력으로 인하여 상실되거나 정지된 자격을 회복한다.

　② 형의 선고에 따른 기성의 효과는 사면, 감형 및 복권으로 인하여 변경되지 아니한다.

제7조【집행유예를 선고받은 자에 대한 사면 등】 형의 집행유예를 선고받은 자에 대하여는 형 선고의 효력을 상실하게 하는 특별사면 또는 형을 변경하는 감형을 하거나 그 유예기간을 단축할 수 있다. 23. 보호7[28]

제8조【일반사면 등의 실시】 일반사면, 죄 또는 형의 종류를 정하여 하는 감형 및 일반에 대한 복권은 대통령령으로 한다. 이 경우 일반사면은 죄의 종류를 정하여 한다. 23. 보호7[29]

제9조【특별사면 등의 실시】 특별사면, 특정한 자에 대한 감형 및 복권은 대통령이 한다.

제10조【특별사면 등의 상신】 ① 법무부장관은 대통령에게 특별사면, 특정한 자에 대한 감형 및 복권을 상신한다.

　② 법무부장관은 제1항에 따라 특별사면, 특정한 자에 대한 감형 및 복권을 상신할 때에는 제10조의2에 따른 사면심사위원회의 심사를 거쳐야 한다.

제10조의2【사면심사위원회】 ① 제10조 제1항에 따른 특별사면, 특정한 자에 대한 감형 및 복권 상신의 적정성을 심사하기 위하여 법무부장관 소속으로 사면심사위원회를 둔다.

　③ 위원장은 법무부장관이 되고, 위원은 법무부장관이 임명하거나 위촉하되, 공무원이 아닌 위원을 4명 이상 위촉하여야 한다.

　⑤ 사면심사위원회의 심사과정 및 심사내용의 공개범위와 공개시기는 다음 각 호와 같다. 다만, 제2호 및 제3호의 내용 중 개인의 신상을 특정할 수 있는 부분은 삭제하고 공개하되, 국민의 알 권리를 충족할 필요가 있는 등의 사유가 있는 경우에는 사면심사위원회가 달리 의결할 수 있다.

　1. 위원의 명단과 경력사항은 임명 또는 위촉한 즉시

　2. 심의서는 해당 특별사면 등을 행한 후부터 즉시

　3. 회의록은 해당 특별사면 등을 행한 후 5년이 경과한 때부터

제11조【특별사면 등 상신의 신청】 검찰총장은 직권으로 또는 형의 집행을 지휘한 검찰청 검사의 보고 또는 수형자가 수감되어 있는 교정시설의 장의 보고에 의하여 법무부장관에게 특별사면 또는 특정한 자에 대한 감형을 상신할 것을 신청할 수 있다.

제12조【특별사면 등의 제청】 ① 형의 집행을 지휘한 검찰청의 검사와 수형자가 수감되어 있는 교정시설의 장이 특별사면 또는 특정한 자에 대한 감형을 제청하려는 경우에는 제14조에 따른 서류를 첨부하고 제청 사유를 기재한 보고서를 검찰총장에게 제출하여야 한다.

　② 교정시설의 장이 제1항의 보고서를 제출하는 경우에는 형의 집행을 지휘한 검찰청의 검사를 거쳐야 한다.

---

26) 특별사면은 형을 선고받은 자를 대상으로 한다. (　)　　　　　　　　　▶○

27) 일반사면이 있으면 특별한 규정이 없는 한 형을 선고받지 아니한 자에 대하여는 공소권이 상실된다. (　)　　▶○

28) 형의 집행유예를 선고받은 자에 대하여는 형 선고의 효력을 상실하게 하는 특별사면을 할 수 없다.(　)　　▶×

29) 일반사면은 죄의 종류를 정하여 대통령령으로 한다. (　)　　　　　　　▶○

07 형사소송법

제33조 국선변호인

① 다음 각 호의 어느 하나에 해당하는 경우에 <u>변호인이 없는 때</u>에는 법원은 <u>직권</u>으로 <u>변호인을 선정하여야 한다.</u>

  1. 피고인이 구속된 때

  2. 피고인이 <u>미성년자인 때</u> 21. 보호7★

  3. 피고인이 70세 이상인 때

  4. 피고인이 듣거나 말하는 데 모두 장애가 있는 사람인 때

  5. 피고인이 심신장애가 있는 것으로 의심되는 때

  6. 피고인이 <u>사형, 무기 또는 단기 3년 이상의 징역이나 금고에 해당하는 사건으로 기소된 때</u>

② 법원은 피고인이 빈곤이나 그 밖의 사유로 변호인을 선임할 수 없는 경우에 피고인이 청구하면 변호인을 선정하여야 한다.

③ 법원은 피고인의 나이·지능 및 교육 정도 등을 참작하여 권리보호를 위하여 필요하다고 인정하면 피고인의 명시적 의사에 반하지 아니하는 범위에서 변호인을 선정하여야 한다.

제35조 서류·증거물의 열람·복사

① 피고인과 변호인은 <u>소송계속 중의 관계 서류 또는 증거물을 열람하거나 복사할 수 있다.</u>

③ 재판장은 <u>피해자, 증인 등 사건관계인의 생명 또는 신체의 안전을 현저히 해칠 우려가 있는 경우</u>에는 제1항 및 제2항에 따른 <u>열람·복사에 앞서 사건관계인의 성명 등 개인정보가 공개되지 아니하도록 보호조치를 할 수 있다.</u>

제95조 필요적 보석

보석의 청구가 있는 때에는 다음(→ 필요적 보석의 제외사유) 이외의 경우에는 <u>보석을 허가하여야 한다.</u> 16. 사시★

  6. 피고인이 피해자, 당해 사건의 재판에 필요한 사실을 알고 있다고 인정되는 자 또는 그 친족의 생명·신체나 재산에 해를 가하거나 가할 염려가 있다고 믿을 만한 충분한 이유가 있는 때

제102조 보석조건의 변경과 취소 등

② 법원은 피고인이 다음 각 호의 어느 하나에 해당하는 경우에는 직권 또는 검사의 청구에 따라 결정으로 <u>보석 또는 구속의 집행정지를 취소할 수 있다.</u> 다만, 제101조 제4항에 따른 구속영장의 집행정지는 그 회기 중 취소하지 못한다.

  4. 피해자, 당해 사건의 재판에 필요한 사실을 알고 있다고 인정되는 자 또는 그 친족의 생명·신체·재산에 해를 가하거나 가할 염려가 있다고 믿을 만한 충분한 이유가 있는 때

제146조 증인의 자격

법원은 법률에 다른 규정이 없으면 <u>누구든지</u> 증인으로 신문할 수 있다.

제161조의2 증인신문의 방식

④ 법원이 직권으로 신문할 증인이나 범죄로 인한 피해자의 신청에 의하여 신문할 증인의 신문방식은 재판장이 정하는 바에 의한다. 21. 보호71)

제163조의2 신뢰관계에 있는 자의 동석

① <u>법원은 범죄로 인한 피해자를 증인으로 신문</u>하는 경우 증인의 연령, 심신의 상태, 그 밖의 사정을 고려하여 증인이 <u>현저하게 불안 또는 긴장을 느낄 우려가 있다고</u> 인정하는 때에는 직권 또는 피해자·법정대리인·검사의 신청에 따라 피해자와 신뢰관계에 있는 자를 동석하게 할 수 있다. 18. 보호7

② 법원은 범죄로 인한 피해자가 <u>13세 미만이거나 신체적 또는 정신적 장애로 사물을 변별하거나 의사를 결정할 능력이 미약한 경우</u>에 재판에 지장을 초래할 우려가 있는 등 부득이한 경우가 아닌 한 피해자와 신뢰관계에 있는 자를 동석하게 하여야 한다.

> ✚ 「성폭력범죄의 처벌 등에 관한 특례법」상 신뢰관계에 있는 사람의 동석
>
> 제34조 【신뢰관계에 있는 사람의 동석】 ① <u>법원은</u> 다음 각 호(생략)의 어느 하나에 해당하는 <u>피해자를 증인으로 신문</u>하는 경우에 검사, 피해자 또는 법정대리인이 신청할 때에는 재판에 지장을 줄 우려가 있는 등 부득이한 경우가 아니면 피해자와 <u>신뢰관계에 있는 사람을 동석</u>하게 하여야 한다. <개정 2023.7.11.>
> 1. 제3조부터 제8조까지, 제10조, 제14조, 제14조의2, 제14조의3, 제15조(제9조의 미수범은 제외한다) 및 제15조의2에 따른 범죄의 피해자
> 2. 19세 미만 피해자등
> ② 제1항은 수사기관이 같은 항 각 호의 <u>피해자를 조사</u>하는 경우에 관하여 <u>준용</u>한다. <개정 2023.7.11.>
> ③ 제1항 및 제2항의 경우 법원과 수사기관은 피해자와 신뢰관계에 있는 사람이 피해자에게 불리하거나 피해자가 원하지 아니하는 경우에는 동석하게 하여서는 아니 된다.

제165조의2 비디오 등 중계장치 등에 의한 증인신문

법원은 다음 각 호의 어느 하나에 해당하는 사람을 <u>증인으로 신문</u>하는 경우 상당하다고 인정할 때에는 <u>검사와 피고인 또는 변호인의 의견</u>을 들어 비디오 등 중계장치에 의한 <u>중계시설을 통하여 신문하거나 가림 시설 등을 설치하고 신문</u>할 수 있다.

1. 「아동복지법」 제71조 제1항 제1호·제1호의2·제2호·제3호에 해당하는 죄의 피해자
2. 「아동·청소년의 성보호에 관한 법률」 제7조, 제8조, 제11조부터 제15조까지 및 제17조 제1항의 규정에 해당하는 죄의 대상이 되는 아동·청소년 또는 피해자
3. 범죄의 성질, 증인의 나이, 심신의 상태, 피고인과의 관계, 그 밖의 사정으로 인하여 피고인 등과 대면하여 진술할 경우 심리적인 부담으로 정신의 평온을 현저하게 잃을 우려가 있다고 인정되는 사람

---

1) 법원이 범죄로 인한 피해자의 신청에 의하여 신문할 증인의 신문방식은 재판장이 정하는 바에 의한다. ( )   ▶ ○

제214조의2 체포와 구속의 적부심사

⑤ 법원은 구속된 피의자(심사청구 후 공소제기된 사람을 포함한다)에 대하여 피의자의 출석을 보증할 만한 보증금의 납입을 조건으로 하여 결정으로 제4항의 석방을 명할 수 있다. 다만, 다음 각 호에 해당하는 경우에는 그러하지 아니하다. 16. 사시★

   2. 피해자, 당해 사건의 재판에 필요한 사실을 알고 있다고 인정되는 사람 또는 그 친족의 생명·신체나 재산에 해를 가하거나 가할 염려가 있다고 믿을 만한 충분한 이유가 있는 때

제223조 고소권자

범죄로 인한 피해자는 고소할 수 있다. 14. 보호7

제232조 고소의 취소

① 고소는 제1심 판결선고 전까지 취소할 수 있다. 14. 보호7
② 고소를 취소한 자는 다시 고소할 수 없다.

제246조 국가소추주의

공소는 검사가 제기하여 수행한다.

제247조 기소편의주의

검사는 「형법」 제51조의 사항을 참작하여 공소를 제기하지 아니할 수 있다(→ 기소유예). 14. 사시

제249조 공소시효의 기간

① 공소시효는 다음 기간의 경과로 완성한다.

   1. 사형에 해당하는 범죄에는 25년

   2. 무기징역 또는 무기금고에 해당하는 범죄에는 15년

   3. 장기 10년 이상의 징역 또는 금고에 해당하는 범죄에는 10년

   4. 장기 10년 미만의 징역 또는 금고에 해당하는 범죄에는 7년

   5. 장기 5년 미만의 징역 또는 금고, 장기10년 이상의 자격정지 또는 벌금에 해당하는 범죄에는 5년

   6. 장기 5년 이상의 자격정지에 해당하는 범죄에는 3년

   7. 장기 5년 미만의 자격정지, 구류, 과료 또는 몰수에 해당하는 범죄에는 1년

② 공소가 제기된 범죄는 판결의 확정이 없이 공소를 제기한 때로부터 25년(← 15년)을 경과하면 공소시효가 완성한 것으로 간주한다(→ 의제공소시효).

제253조의2 공소시효의 적용 배제

사람을 살해한 범죄(종범은 제외한다)로 사형에 해당하는 범죄에 대하여는 제249조부터 제253조까지에 규정된 공소시효를 적용하지 아니한다.

제258조 고소인 등에의 처분고지

① 검사는 고소 또는 고발 있는 사건에 관하여 공소를 제기하거나 제기하지 아니하는 처분, 공소의 취소 또는 제256조의 송치(→ 타관송치)를 한 때에는 그 처분한 날로부터 7일 이내에 서면으로 고소인 또는 고발인에게 그 취지를 통지하여야 한다.

제259조 고소인 등에의 공소불제기이유고지

검사는 고소 또는 고발 있는 사건에 관하여 공소를 제기하지 아니하는 처분을 한 경우에 고소인 또는 고발인의 청구가 있는 때에는 7일 이내에 고소인 또는 고발인에게 그 이유를 서면으로 설명하여야 한다. 13. 사시

제259조의2 피해자 등에 대한 통지

검사는 범죄로 인한 피해자 또는 그 법정대리인(피해자가 사망한 경우에는 그 배우자·직계친족·형제자매를 포함한다)의 신청이 있는 때에는 당해 사건의 공소제기 여부, 공판의 일시·장소, 재판결과, 피의자·피고인의 구속·석방 등 구금에 관한 사실 등을 신속하게 통지하여야 한다.

제260조 재정신청

① 고소권자로서 고소를 한 자「형법」 제123조부터 제126조까지의 죄(→ 직권남용죄, 불법체포·불법감금죄, 폭행·가혹행위죄, 피의사실공표죄)에 대하여는 고발을 한 자를 포함한다. 이하 이 조에서 같다]는 검사로부터 공소를 제기하지 아니한다는 통지를 받은 때에는 그 검사 소속의 지방검찰청 소재지를 관할하는 고등법원(이하 "관할 고등법원"이라 한다)에 그 당부에 관한 재정을 신청할 수 있다. 다만, 「형법」 제126조의 죄(→ 피의사실공표죄)에 대하여는 피공표자의 명시한 의사에 반하여 재정을 신청할 수 없다. 14. 사시

② 제1항에 따른 재정신청을 하려면 「검찰청법」 제10조에 따른 항고를 거쳐야 한다(→ 항고전치주의). 다만, 다음 각 호(생략)의 어느 하나에 해당하는 경우에는 그러하지 아니하다.

> **+ 「검찰청법」상 항고 및 재항고**
>
> **제10조【항고 및 재항고】** ① 검사의 불기소처분에 불복하는 고소인이나 고발인은 그 검사가 속한 지방검찰청 또는 지청을 거쳐 서면으로 관할 고등검찰청 검사장에게 항고할 수 있다. 이 경우 해당 지방검찰청 또는 지청의 검사는 항고가 이유 있다고 인정하면 그 처분을 경정하여야 한다.
> ③ 제1항에 따라 항고를 한 자(「형사소송법」 제260조에 따라 재정신청을 할 수 있는 자는 제외한다. 이하 이 조에서 같다)는 그 항고를 기각하는 처분에 불복하거나 항고를 한 날부터 항고에 대한 처분이 이루어지지 아니하고 3개월이 지났을 때에는 그 검사가 속한 고등검찰청을 거쳐 서면으로 검찰총장에게 재항고할 수 있다. 이 경우 해당 고등검찰청의 검사는 재항고가 이유 있다고 인정하면 그 처분을 경정하여야 한다.

> **+ 「헌법재판소법」상 헌법소원**
>
> **제68조【청구 사유】** ① 공권력의 행사 또는 불행사(不行使)로 인하여 헌법상 보장된 기본권을 침해받은 자는 법원의 재판을 제외하고는 헌법재판소에 헌법소원심판을 청구할 수 있다. 다만, 다른 법률에 구제절차가 있는 경우에는 그 절차를 모두 거친 후에 청구할 수 있다. 13. 교정7

제282조 필요적 변호

제33조(→ 국선변호인) 제1항 각 호의 어느 하나에 해당하는 사건 및 같은 조 제2항·제3항의 규정에 따라 변호인이 선정된 사건에 관하여는 <u>변호인 없이 개정하지 못한다</u>. 단, 판결만을 선고할 경우에는 <u>예외</u>로 한다. 21. 보호7★ 2)

제283조 국선변호인

제282조 본문의 경우 변호인이 출석하지 아니한 때에는 법원은 직권으로 변호인을 선정하여야 한다.

제294조의2 피해자등의 진술권

① 법원은 범죄로 인한 <u>피해자 또는 그 법정대리인</u>(피해자가 사망한 경우에는 배우자·직계친족·형제자매를 포함한다. 이하 이 조에서 "피해자등"이라 한다)의 <u>신청</u>이 있는 때에는 그 피해자등을 <u>증인으로 신문하여야 한</u>다. 다만, 다음 각 호의 어느 하나에 해당하는 경우에는 그러하지 아니하다. 16. 사시★

 1. 삭제
 2. 피해자등 이미 당해 사건에 관하여 공판절차에서 <u>충분히 진술</u>하여 다시 진술할 필요가 없다고 인정되는 경우
 3. 피해자등의 진술로 인하여 공판절차가 <u>현저하게 지연될 우려</u>가 있는 경우

② 법원은 제1항에 따라 <u>피해자등을 신문하는 경우</u> 피해의 정도 및 결과, 피고인의 처벌에 관한 의견, 그 밖에 당해 사건에 관한 의견을 진술할 기회를 주어야 한다.

③ 법원은 <u>동일한 범죄사실</u>에서 제1항의 규정에 의한 <u>신청인이 여러 명인 경우</u>에는 <u>진술할 자의 수를 제한할 수 있다</u>. 21. 보호73)

④ 제1항의 규정에 의한 <u>신청인이 출석통지를 받고도 정당한 이유없이 출석하지 아니한 때</u>에는 그 <u>신청을 철회한 것으로 본다</u>. 21. 보호74)

제294조의3 피해자 진술의 비공개

① 법원은 범죄로 인한 <u>피해자를 증인으로 신문하는 경우</u> 당해 피해자·법정대리인 또는 검사의 <u>신청</u>에 따라 피해자의 <u>사생활의 비밀</u>이나 <u>신변보호</u>를 위하여 필요하다고 인정하는 때에는 결정으로 <u>심리를 공개하지 아니할 수 있다</u>. 21. 보호75)

제294조의4 피해자 등의 공판기록 열람·등사

① 소송계속 중인 사건의 피해자(피해자가 사망하거나 그 심신에 중대한 장애가 있는 경우에는 그 배우자·직계친족 및 형제자매를 포함한다), 피해자 본인의 법정대리인 또는 이들로부터 위임을 받은 피해자 본인의 배우자·직계친족·형제자매·변호사는 <u>소송기록의 열람 또는 등사를 재판장에게 신청</u>할 수 있다.

---

2) 법원은 판결만을 선고하는 경우라도 피고인인 소년에 대하여 변호인이 없거나 출석하지 아니한 때에는 국선변호인을 선정하여야 한다. ( ) ▶ ×

3) 법원은 동일한 범죄사실에서 피해자등의 증인신문을 신청한 그 피해자등이 여러 명이라도 진술할 자의 수를 제한할 수 없다. ( ) ▶ ×

4) 범죄로 인한 피해자등의 신청으로 그 피해자등을 증인으로 신문하는 경우, 신청인이 출석통지를 받고도 정당한 이유 없이 출석하지 아니한 때에는 그 신청을 철회한 것으로 본다. ( ) ▶ ○

5) 법원은 범죄로 인한 피해자를 증인으로 신문하는 경우 당해 피해자·법정대리인 또는 검사의 신청에 따라 피해자의 사생활의 비밀이나 신변보호를 위하여 필요하다고 인정하는 때에는 결정으로 심리를 공개하지 아니할 수 있다. ( ) ▶ ○

제331조 무죄등 선고와 구속영장의 효력

무죄, 면소, 형의 면제, 형의 선고유예, 형의 집행유예, 공소기각 또는 벌금이나 과료를 과하는 판결이 선고된 때에는 구속영장은 효력을 잃는다.

제337조 형의 소멸의 재판

① 「형법」 제81조(→ 형의 실효) 또는 동 제82조(→ 복권)의 규정에 의한 선고는 그 사건에 관한 기록이 보관되어 있는 검찰청에 대응하는 법원에 대하여 신청하여야 한다. 24. 교정[6]

제349조 상소의 포기, 취하

검사나 피고인 또는 제339조(→ 항고권자)에 규정한 자는 상소의 포기 또는 취하를 할 수 있다. 단, 피고인 또는 제341조에 규정한 자는 사형 또는 무기징역이나 무기금고가 선고된 판결에 대하여는 상소의 포기를 할 수 없다. 13. 사시★

제462조 형집행의 순서

2이상의 형을 집행하는 경우에 자격상실, 자격정지, 벌금, 과료와 몰수 외(→ 사형, 징역, 금고, 구류)에는 무거운 형을 먼저 집행한다. 다만, 검사는 소속 장관의 허가를 얻어 무거운 형의 집행을 정지하고 다른 형의 집행을 할 수 있다. 18. 승진

제463조 사형의 집행

사형은 법무부장관의 명령에 의하여 집행한다. 10. 사시

제465조 사형집행명령의 시기

① 사형집행의 명령은 판결이 확정된 날로부터 6월 이내에 하여야 한다. 10. 사시

제466조 사형집행의 기간

법무부장관이 사형의 집행을 명한 때에는 5일 이내에 집행하여야 한다.

제467조 사형집행의 참여

① 사형의 집행에는 검사와 검찰청서기관과 교도소장 또는 구치소장이나 그 대리자가 참여하여야 한다.
② 검사 또는 교도소장 또는 구치소장의 허가가 없으면 누구든지 형의 집행장소에 들어가지 못한다.

제468조 사형집행조서

사형의 집행에 참여한 검찰청서기관은 집행조서를 작성하고 검사와 교도소장 또는 구치소장이나 그 대리자와 함께 기명날인 또는 서명하여야 한다.

---

6) 징역 5년 형의 집행을 종료한 사람이 형의 실효를 받기 위해서는 피해자의 손해를 보상하고 자격정지 이상의 형을 받음이 없이 7년을 경과한 후 해당 사건에 관한 기록이 보관되어 있는 검찰청에 형의 실효를 신청하여야 한다. ( )   ▶ ✕

제469조 사형 집행의 정지

① 사형선고를 받은 사람이 <u>심신의 장애로 의사능력이 없는</u> 상태이거나 <u>임신 중인 여자</u>인 때에는 <u>법무부장관의 명령</u>으로 집행을 정지한다. 18. 승진

② 제1항에 따라 형의 집행을 정지한 경우에는 <u>심신장애의 회복 또는 출산 후 법무부장관의 명령</u>에 의하여 형을 집행한다.

제470조 자유형집행의 정지

① <u>징역, 금고 또는 구류의 선고</u>를 받은 자가 <u>심신의 장애로 의사능력이 없는</u> 상태에 있는 때에는 형을 선고한 법원에 대응한 검찰청검사 또는 형의 선고를 받은 자의 현재지를 관할하는 <u>검찰청검사의 지휘</u>에 의하여 심신장애가 회복될 때까지 <u>형의 집행을 정지한다.</u>

② 전항의 규정에 의하여 형의 집행을 정지한 경우에는 검사는 형의 선고를 받은 자를 <u>감호의무자 또는 지방공공단체</u>에 인도하여 병원 기타 적당한 장소에 수용하게 할 수 있다.

③ 형의 집행이 정지된 자는 <u>전항의 처분이 있을 때까지 교도소 또는 구치소에 구치하고 그 기간을 형기에 산입한다.</u>

제471조 동전

① <u>징역, 금고 또는 구류의 선고</u>를 받은 자에 대하여 다음 각 호의 1에 해당한 사유가 있는 때에는 형을 선고한 법원에 대응한 검찰청검사 또는 형의 선고를 받은 자의 현재지를 관할하는 <u>검찰청검사의 지휘</u>에 의하여 <u>형의 집행을 정지할 수 있다.</u>

1. 형의 집행으로 인하여 현저히 건강을 해하거나 생명을 보전할 수 없을 염려가 있는 때
2. 연령 <u>70세 이상</u>인 때
3. 잉태 후 6월 이상인 때
4. 출산 후 60일을 경과하지 아니한 때
5. 직계존속이 연령 70세 이상 또는 중병이나 장애인으로 보호할 다른 친족이 없는 때
6. 직계비속이 유년으로 보호할 다른 친족이 없는 때
7. 기타 중대한 사유가 있는 때

② 검사가 전항의 지휘를 함에는 소속 고등검찰청검사장 또는 지방검찰청검사장의 허가를 얻어야 한다.

제471조의2 형집행정지 심의위원회

① 제471조 제1항 제1호의 형집행정지 및 그 연장에 관한 사항을 심의하기 위하여 각 지방검찰청에 형집행정지 심의위원회(이하 이 조에서 "심의위원회"라 한다)를 둔다.

② 심의위원회는 위원장 1명을 포함한 10명 이내의 위원으로 구성하고, 위원은 학계, 법조계, 의료계, 시민단체 인사 등 학식과 경험이 있는 사람 중에서 각 지방검찰청 검사장이 임명 또는 위촉한다. 21. 교정9

제474조 형집행장의 방식과 효력

② 형집행장은 <u>구속영장과 동일한 효력</u>이 있다.

제477조 재산형 등의 집행

① 벌금, 과료, 몰수, 추징, 과태료, 소송비용, 비용배상 또는 가납의 재판은 <u>검사의 명령</u>에 의하여 집행한다.

② 전항의 명령은 <u>집행력 있는 채무명의와 동일한 효력</u>이 있다. 21. 보호7[7]

⑥ 벌금, 과료, 추징, 과태료, 소송비용 또는 비용배상의 분할납부, 납부연기 및 납부대행기관을 통한 납부 등 납부방법에 필요한 사항은 법무부령(→ 재산형 등에 관한 검찰 집행사무규칙)으로 정한다.

✛「재산형 등에 관한 검찰 집행사무규칙」상 벌금의 분할납부·납부연기

제12조【분할납부 등】 ① 납부의무자가 벌과금등(→ 벌금·과료·추징·과태료·소송비용 및 비용배상)의 분할납부 또는 납부연기를 받으려면 별지 제14호 서식에 따른 분할납부(납부연기) 신청서를 제출하여야 한다. 이 경우 재산형등 집행 사무 담당직원은 분할납부 또는 납부연기를 신청한 자가 다음 각 호(생략)의 어느 하나에 해당하는지를 조사한 후 관련 자료를 첨부하여 소속 과장을 거쳐 <u>검사의 허가</u>를 받아야 한다. 14. 보호7★

② 검사는 제1항에 따른 신청을 받으면 납부의무자의 경제적 능력, 벌과금등의 액수, 분할납부 또는 납부연기 시 이행 가능성, 노역장 유치 집행의 타당성 등을 고려하여 분할납부 또는 납부연기의 필요성이 있다고 인정되는 경우에는 이를 허가할 수 있다.

③ 검사는 벌과금등의 액수가 500만 원 이하인 경우로서 납부의무자의 신체적·정신적인 건강상태가 질병·음주 등으로 인하여 즉각적인 노역장 유치 집행을 하기 어려운 상태로 판단되는 경우에는 <u>직권</u>으로 별지 제14호의2 서식에 따라 벌과금등의 분할납부 또는 납부연기를 <u>결정할 수 있다.</u>

④ 제2항·제3항에 따른 분할납부 또는 납부연기 기한은 <u>6개월 이내</u>로 하되, 검사는 해당 분할납부 또는 납부연기의 사유가 소멸되지 않는 경우 <u>3개월의 범위</u>에서 그 기한을 <u>2회</u>에 한하여 <u>연장할 수 있다.</u>

⑤ 검사는 제2항·제3항에 따른 분할납부 또는 납부연기의 허가·결정을 받은 사람이 정당한 사유 없이 2회에 걸쳐 허가·결정 내용을 이행하지 않는 경우에는 해당 허가·결정을 취소할 수 있다.

제478조 상속재산에 대한 집행

몰수 또는 조세, 전매 기타 공과에 관한 법령에 의하여 재판한 벌금 또는 추징은 그 재판을 받은 자가 <u>재판확정 후 사망</u>한 경우에는 그 상속재산에 대하여 집행할 수 있다. 14. 보호7

제479조 합병 후 법인에 대한 집행

법인에 대하여 벌금, 과료, 몰수, 추징, 소송비용 또는 비용배상을 명한 경우에 법인이 그 <u>재판확정 후 합병에 의하여 소멸</u>한 때에는 합병 후 존속한 법인 또는 합병에 의하여 설립된 법인에 대하여 집행할 수 있다.

제492조 노역장유치의 집행

벌금 또는 과료를 완납하지 못한 자에 대한 노역장유치의 집행에는 <u>형의 집행에 관한 규정을 준용</u>한다. 21. 보호7

---

7) 벌금형의 집행을 위한 검사의 명령은 집행력 있는 채무명의와 동일한 효력이 있다. (　)　　　　　▶ ○

08 벌금 미납자의 사회봉사 집행에 관한 특례법

제1조 목적

이 법은 「형법」 제69조 제2항의 벌금 미납자에 대한 노역장 유치를 사회봉사로 대신하여 집행할 수 있는 특례와 절차를 규정함으로써 경제적인 이유로 벌금을 낼 수 없는 사람의 노역장 유치로 인한 구금을 최소화하여 그 편익을 도모함을 목적으로 한다.

제4조 사회봉사의 신청

① 대통령령으로 정한 금액(→ 500만 원) 범위 내의 벌금형이 확정된 벌금 미납자는 검사의 납부명령일부터 30일 이내에 주거지를 관할하는 지방검찰청(지방검찰청지청을 포함)의 검사에게 사회봉사를 신청할 수 있다. 다만, 검사로부터 벌금의 일부납부 또는 납부연기를 허가받은 자는 그 허가기한 내에 사회봉사를 신청할 수 있다. 21. 보호7 ★ 1)

② 제1항에도 불구하고 다음 각 호의 어느 하나에 해당하는 사람은 사회봉사를 신청할 수 없다. 20. 승진 ★ 2)

　　1. 징역 또는 금고와 동시에 벌금을 선고받은 사람
　　2. 「형법」 제69조 제1항 단서에 따라 법원으로부터 벌금 선고와 동시에 벌금을 완납할 때까지 노역장에 유치할 것을 명받은 사람
　　3. 다른 사건으로 형 또는 구속영장이 집행되거나 노역장에 유치되어 구금 중인 사람
　　4. 사회봉사를 신청하는 해당 벌금에 대하여 법원으로부터 사회봉사를 허가받지 못하거나 취소당한 사람. 다만, 사회봉사 불허가 사유가 소멸한 경우에는 그러하지 아니하다.

제5조 사회봉사의 청구

① 제4조 제1항의 신청을 받은 검사는 사회봉사 신청인(이하 "신청인"이라 한다)이 제6조 제2항 각 호의 요건에 해당하지 아니하는 때에는 법원에 사회봉사의 허가를 청구하여야 한다. 14. 보호7

② 검사는 사회봉사의 청구 여부를 결정하기 위하여 필요한 경우 신청인에게 출석 또는 자료의 제출을 요구하거나, 신청인의 동의를 받아 공공기관, 민간단체 등에 벌금 납입 능력 확인에 필요한 자료의 제출을 요구할 수 있다.

④ 검사는 신청일부터 7일 이내에 사회봉사의 청구 여부를 결정하여야 한다. 다만, 제2항에 따른 출석 요구, 자료제출 요구에 걸리는 기간은 위 기간에 포함하지 아니한다. 12. 교정7

⑥ 사회봉사의 신청을 기각하는 검사의 처분에 대한 이의신청에 관하여는 「형사소송법」 제489조를 준용(→ 법원에 이의신청)한다. 18. 승진

---

1) 500만 원 이하의 벌금형이 확정된 벌금 미납자는 검사의 납부명령일로부터 30일 이내에 주거지를 관할하는 보호관찰관에게 사회봉사를 신청할 수 있다. (　)　　▶ ✕

2) 500만 원 이하의 벌금형이 확정된 벌금 미납자는 검사의 납부명령일부터 30일 이내(검사로부터 벌금의 일부납부 또는 납부연기를 허가받은 자는 그 허가기한 내)에 사회봉사를 신청할 수 있지만, 징역 또는 금고와 동시에 벌금을 선고받은 경우에는 사회봉사를 신청할 수 없다. (　)　　▶ ○

제6조 사회봉사 허가

① 법원은 검사로부터 사회봉사 허가 청구를 받은 날부터 14일 이내에 벌금 미납자의 경제적 능력, 사회봉사 이행에 필요한 신체적 능력, 주거의 안정성 등을 고려하여 사회봉사 허가 여부를 결정한다. 다만, 제3항에 따른 출석 요구, 자료제출 요구에 걸리는 기간은 위 기간에 포함하지 아니한다. 14. 보호7 ★

② 다음 각 호의 어느 하나에 해당하는 경우에는 사회봉사를 허가하지 아니한다. 18. 승진 ★

   1. 제4조 제1항에 따른 벌금의 범위를 초과하거나 신청 기간이 지난 사람이 신청을 한 경우

   2. 제4조 제2항에 따라 사회봉사를 신청할 수 없는 사람이 신청을 한 경우

   3. 정당한 사유 없이 제3항에 따른 법원의 출석 요구나 자료제출 요구를 거부한 경우

   4. 신청인이 일정한 수입원이나 재산이 있어 벌금을 낼 수 있다고 판단되는 경우

   5. 질병이나 그 밖의 사유로 사회봉사를 이행하기에 부적당하다고 판단되는 경우

③ 법원은 사회봉사 허가 여부를 결정하기 위하여 필요한 경우 신청인에게 출석 또는 자료의 제출을 요구하거나 신청인의 동의를 받아 공공기관, 민간단체 등에 벌금 납입 능력 확인에 필요한 자료의 제출을 요구할 수 있다.

④ 법원은 사회봉사를 허가하는 경우 벌금 미납액에 의하여 계산된 노역장 유치 기간에 상응하는 사회봉사시간을 산정하여야 한다. 다만, 산정된 사회봉사시간 중 1시간 미만은 집행하지 아니한다. 18. 승진 ★

⑤ 사회봉사를 허가받지 못한 벌금 미납자는 그 결정을 고지받은 날부터 15일 이내에 벌금을 내야하며, 위의 기간 내에 벌금을 내지 아니할 경우 노역장에 유치한다. 다만, 사회봉사 불허가에 관한 통지를 받은 날부터 15일이 지나도록 벌금을 내지 아니한 사람 중 「형법」 제69조 제1항에 따른 벌금 납입기간(→ 판결확정일로부터 30일 내)이 지나지 아니한 사람의 경우에는 그 납입기간이 지난 후 노역장에 유치한다.

제8조 사회봉사의 신고

① 사회봉사 대상자는 법원으로부터 사회봉사 허가의 고지를 받은 날부터 10일 이내에 사회봉사 대상자의 주거지를 관할하는 보호관찰소의 장에게 주거, 직업, 그 밖에 대통령령으로 정하는 사항을 신고하여야 한다.

제9조 사회봉사의 집행담당자

① 사회봉사는 보호관찰관이 집행한다. 다만, 보호관찰관은 그 집행의 전부 또는 일부를 국공립기관이나 그 밖의 단체 또는 시설의 협력을 받아 집행할 수 있다. 13. 교정7

제10조 사회봉사의 집행

① 보호관찰관은 사회봉사 대상자의 성격, 사회경력, 범죄의 원인 및 개인적 특성 등을 고려하여 사회봉사의 집행분야를 정하여야 한다. 18. 승진 ★

② 사회봉사는 1일 9시간을 넘겨 집행할 수 없다. 다만, 사회봉사의 내용상 연속집행의 필요성이 있어 보호관찰관이 승낙하고 사회봉사 대상자가 분명히 동의한 경우에만 연장하여 집행할 수 있다. 19. 교정7

③ 사회봉사의 집행시간은 사회봉사 기간 동안의 집행시간을 합산하여 시간 단위로 인정한다. 다만, 집행시간을 합산한 결과 1시간 미만이면 1시간으로 인정한다.

> **+ 「벌금 미납자의 사회봉사 집행에 관한 특례법 시행령」상 집행시간 규정**
>
> **시행령 제8조 【집행시간】** ① 사회봉사는 평일 주간에 집행하는 것을 원칙으로 한다. 다만, 사회봉사 대상자의 동의 또는 신청을 받아 사회봉사 대상자의 생업, 학업, 질병 등을 고려하여 야간 또는 공휴일에 집행할 수 있다.
>
> ② 법 제10조 제2항 단서에 따라 1일 9시간을 넘겨 사회봉사를 집행하는 경우에도 1일 총 13시간을 초과할 수 없다.

제11조 사회봉사의 집행기간

사회봉사의 집행은 사회봉사가 허가된 날부터 <u>6개월 이내</u>에 마쳐야 한다. 다만, 보호관찰관은 특별한 사정이 있으면 <u>검사의 허가</u>를 받아 <u>6개월의 범위</u>에서 <u>한 번</u> 그 기간을 <u>연장</u>하여 집행할 수 있다. 19. 교정7

제12조 사회봉사 대상자의 벌금 납입

① 사회봉사 대상자는 <u>사회봉사의 이행을 마치기 전</u>에 벌금의 전부 또는 일부를 낼 수 있다. 15. 교정9

② 사회봉사 집행 중에 벌금을 내려는 사회봉사 대상자는 <u>보호관찰소의 장으로부터 사회봉사집행확인서를 발급받아 주거지를 관할하는 지방검찰청의 검사에게 제출</u>하여야 한다. 20. 승진3)

제13조 사회봉사 이행의 효과

이 법에 따른 사회봉사를 전부 또는 일부 이행한 경우에는 집행한 사회봉사시간에 상응하는 벌금액을 낸 것으로 본다. 14. 보호7

제14조 사회봉사 허가의 취소

① 사회봉사 대상자가 다음 각 호의 어느 하나에 해당하는 경우 보호관찰소 관할 지방검찰청의 <u>검사</u>는 <u>보호관찰소의 장의 신청</u>에 의하여 사회봉사 허가의 취소를 <u>법원</u>에 청구한다.

  1. 정당한 사유 없이 제8조 제1항의 신고를 하지 아니하는 경우
  2. 제11조의 기간 내에 사회봉사를 마치지 아니한 경우
  3. 정당한 사유 없이 「보호관찰 등에 관한 법률」 제62조 제2항의 준수사항을 위반하거나 구금 등의 사유로 사회봉사를 계속 집행하기에 적당하지 아니하다고 판단되는 경우

④ 법원은 제1항의 청구가 있는 날부터 14일 이내에 사회봉사 취소 여부를 결정한다. 다만, 사회봉사 대상자의 의견을 듣거나 필요한 자료의 제출 요구 등에 걸리는 기간은 위 기간에 포함하지 아니한다.

⑦ 사회봉사 허가가 취소된 사회봉사 대상자는 취소통지를 받은 날부터 <u>7일 이내에 남은 사회봉사시간에 해당하는 미납벌금을 내야</u>하며, 그 기간 내에 미납벌금을 <u>내지 아니하면 노역장에 유치</u>한다.

제15조 사회봉사의 종료

① 사회봉사는 다음 각 호의 어느 하나에 해당하는 경우에 종료한다.

  1. 사회봉사의 집행을 마친 경우
  2. 사회봉사 대상자가 벌금을 완납한 경우
  3. 제14조에 따라 사회봉사 허가가 취소된 경우
  4. 사회봉사 대상자가 사망한 경우

---

3) 사회봉사 집행 중에 벌금을 내려는 사회봉사 대상자는 보호관찰소의 장으로부터 사회봉사집행확인서를 발급받아 주거지를 관할하는 지방검찰청의 검사에게 제출하여야 한다. (　)　　　　　　　　▶ ○

09 보호관찰 등에 관한 법률

🗗 제1장 총칙

제1조 목적

이 법은 죄를 지은 사람으로서 재범 방지를 위하여 보호관찰, 사회봉사, 수강 및 갱생보호 등 체계적인 사회 내 처우가 필요하다고 인정되는 사람을 지도하고 보살피며 도움으로써 건전한 사회 복귀를 촉진하고, 효율적인 범죄예방 활동을 전개함으로써 개인 및 공공의 복지를 증진함과 아울러 사회를 보호함을 목적으로 한다.

제3조 대상자

① 보호관찰을 받을 사람(이하 "보호관찰 대상자"라 한다)은 다음 각 호와 같다.
  1. 「형법」 제59조의2에 따라 보호관찰을 조건으로 형의 선고유예를 받은 사람
  2. 「형법」 제62조의2에 따라 보호관찰을 조건으로 형의 집행유예를 선고받은 사람
  3. 「형법」 제73조의2 또는 이 법 제25조에 따라 보호관찰을 조건으로 가석방되거나 임시퇴원된 사람
  4. 「소년법」 제32조 제1항 제4호 및 제5호의 보호처분(→ 단기·장기 보호관찰)을 받은 사람
  5. 다른 법률에서 이 법에 따른 보호관찰을 받도록 규정된 사람
② 사회봉사 또는 수강을 하여야 할 사람(이하 "사회봉사·수강명령 대상자"라 한다)은 다음 각 호와 같다.
  1. 「형법」 제62조의2에 따라 사회봉사 또는 수강을 조건으로 형의 집행유예를 선고받은 사람
  2. 「소년법」 제32조에 따라 사회봉사명령 또는 수강명령을 받은 사람
  3. 다른 법률에서 이 법에 따른 사회봉사 또는 수강을 받도록 규정된 사람
③ 갱생보호를 받을 사람(이하 "갱생보호 대상자"라 한다)은 형사처분 또는 보호처분을 받은 사람으로서 자립갱생을 위한 숙식 제공, 주거 지원, 창업지원, 직업훈련 및 취업 지원 등 보호의 필요성이 인정되는 사람으로 한다. 19. 승진★

🗗 제2장 보호관찰기관

■ 제1절 보호관찰 심사위원회

제5조 설치

① 보호관찰에 관한 사항을 심사·결정하기 위하여 법무부장관 소속으로 보호관찰 심사위원회(이하 "심사위원회"라 한다)를 둔다.
② 심사위원회는 고등검찰청 소재지 등 대통령령으로 정하는 지역(→ 서울, 부산, 대구, 광주, 대전, 수원)에 설치한다.

제6조 관장 사무

심사위원회는 이 법에 따른 다음 각 호의 사항을 심사·결정한다. 20. 교정9 ★

1. 가석방과 그 취소에 관한 사항(→ 소년범)
2. 임시퇴원, 임시퇴원의 취소 및 「보호소년 등의 처우에 관한 법률」 제43조 제3항에 따른 보호소년의 퇴원(이하 "퇴원"이라 한다)에 관한 사항
3. 보호관찰의 임시해제와 그 취소에 관한 사항
4. 보호관찰의 정지와 그 취소에 관한 사항
5. 가석방 중인 사람의 부정기형의 종료에 관한 사항
6. 이 법 또는 다른 법령에서 심사위원회의 관장 사무로 규정된 사항
7. 제1호부터 제6호까지의 사항과 관련된 사항으로서 위원장이 회의에 부치는 사항

제7조 구성

① 심사위원회는 위원장을 포함하여 5명 이상 9명 이하의 위원으로 구성한다. 20. 승진 ★
② 심사위원회의 위원장은 고등검찰청 검사장 또는 고등검찰청 소속 검사 중에서 법무부장관이 임명한다.
③ 심사위원회의 위원은 판사, 검사, 변호사, 보호관찰소장, 지방교정청장, 교도소장, 소년원장 및 보호관찰에 관한 지식과 경험이 풍부한 사람 중에서 법무부장관이 임명하거나 위촉한다. 13. 교정9

제8조 위원의 임기

위원의 임기는 2년으로 하되, 연임할 수 있다. 다만, 공무원인 비상임위원의 임기는 그 직위에 있는 기간으로 한다.

제11조 심사

② 심사위원회는 심사에 필요하다고 인정하면 보호관찰 대상자와 그 밖의 관계인을 소환하여 심문하거나 상임위원 또는 보호관찰관에게 필요한 사항을 조사하게 할 수 있다.

제12조 의결 및 결정

① 심사위원회의 회의는 재적위원 과반수의 출석으로 개의하고, 출석위원 과반수의 찬성으로 의결한다.
② 제1항에도 불구하고 회의를 개최할 시간적 여유가 없는 등 부득이한 경우로서 대통령령으로 정하는 경우에는 서면으로 의결할 수 있다. 이 경우 재적위원 과반수의 찬성으로 의결한다.

■ 제2절 보호관찰소

제14조 보호관찰소의 설치

① 보호관찰, 사회봉사, 수강 및 갱생보호에 관한 사무를 관장하기 위하여 법무부장관 소속으로 보호관찰소를 둔다.

제15조 보호관찰소의 관장 사무

보호관찰소(보호관찰지소를 포함한다. 이하 같다)는 다음 각 호의 사무를 관장한다.

1. 보호관찰, 사회봉사명령 및 수강명령의 집행
2. 갱생보호
3. 검사가 보호관찰관이 선도함을 조건으로 공소제기를 유예하고 위탁한 선도 업무(→ 소년·성인 불문)
4. 제18조에 따른 범죄예방 자원봉사위원에 대한 교육훈련 및 업무지도
5. 범죄예방활동
6. 이 법 또는 다른 법령에서 보호관찰소의 관장 사무로 규정된 사항

제16조 보호관찰관

① 보호관찰소에는 제15조 각 호의 사무를 처리하기 위하여 보호관찰관을 둔다.

제18조 범죄예방 자원봉사위원

① 범죄예방활동을 하고, 보호관찰활동과 갱생보호사업을 지원하기 위하여 범죄예방 자원봉사위원(이하 "범죄예방위원"이라 한다)을 둘 수 있다.
② 법무부장관은 법무부령으로 정하는 바에 따라 범죄예방위원을 위촉한다.
④ 범죄예방위원은 명예직으로 하되, 예산의 범위에서 직무수행에 필요한 비용의 전부 또는 일부를 지급할 수 있다.

🗆 제3장 보호관찰

■ 제1절 판결 전 조사

제19조 판결 전 조사

① 법원은 피고인(→ 소년·성인 불문)에 대하여 「형법」 제59조의2 및 제62조의2에 따른 보호관찰, 사회봉사 또는 수강을 명하기 위하여 필요하다고 인정하면 그 법원의 소재지 또는 피고인의 주거지를 관할하는 보호관찰소의 장에게 범행 동기, 직업, 생활환경, 교우관계, 가족상황, 피해회복 여부 등 피고인에 관한 사항의 조사를 요구할 수 있다. 23. 교정9★ 1)
② 제1항의 요구를 받은 보호관찰소의 장은 지체 없이 이를 조사하여 서면으로 해당 법원에 알려야 한다. 이 경우 필요하다고 인정하면 피고인이나 그 밖의 관계인을 소환하여 심문하거나 소속 보호관찰관에게 필요한 사항을 조사하게 할 수 있다. 23. 교정9 2)
③ 법원은 제1항의 요구를 받은 보호관찰소의 장에게 조사진행상황에 관한 보고를 요구할 수 있다. 23. 교정9 3)

---

1) 「보호관찰 등에 관한 법률」 제19조에 따른 판결 전 조사는 법원이 「형법」 제59조의2 및 제62조의2에 따른 보호관찰, 사회봉사 또는 수강을 명하기 위하여 필요하다고 인정되는 경우에 조사를 요구할 수 있는 것을 말한다. ( ) ▶ ○
2) 「보호관찰 등에 관한 법률」상 판결 전 조사 요구를 받은 보호관찰소의 장은 지체 없이 이를 조사하여 서면 또는 구두로 해당 법원에 알려야 한다. ( ) ▶ ×
3) 「보호관찰 등에 관한 법률」상 법원은 판결 전 조사 요구를 받은 보호관찰소의 장에게 조사진행상황에 관한 보고를 요구할 수 있다. ( ) ▶ ○

제19조의2 결정 전 조사

① 법원은 「소년법」 제12조에 따라 <u>소년 보호사건에 대한 조사 또는 심리를 위하여 필요하다고 인정하면</u> 그 법원의 소재지 또는 소년의 주거지를 관할하는 <u>보호관찰소의 장에게</u> 소년의 품행, 경력, 가정상황, 그 밖의 환경 등 필요한 사항에 관한 조사를 의뢰할 수 있다. 23. 교정94)

■ 제3절 가석방 및 임시퇴원

제21조 교도소장 등의 통보의무

① <u>교도소·구치소·소년교도소의 장은</u> 징역 또는 금고의 형을 선고받은 소년(이하 "소년수형자"라 한다)이 「소년법」 제65조 각 호의 기간(→ 5년, 3년, 단기의 3분의 1)을 지나면 그 교도소·구치소·소년교도소의 소재지를 관할하는 <u>심사위원회에 그 사실을 통보하여야 한다.</u> 24. 보호95)

② 소년원장은 보호소년이 수용된 후 6개월이 지나면 그 소년원의 소재지를 관할하는 심사위원회에 그 사실을 통보하여야 한다.

제22조 가석방·퇴원 및 임시퇴원의 신청

① 교도소·구치소·소년교도소 및 소년원(이하 "수용기관"이라 한다)의 장은 「소년법」 제65조 각 호의 기간이 지난 소년수형자 또는 수용 중인 보호소년에 대하여 법무부령으로 정하는 바에 따라 관할 심사위원회에 가석방, 퇴원 또는 임시퇴원 심사를 신청할 수 있다.

제23조 가석방·퇴원 및 임시퇴원의 심사와 결정

① <u>심사위원회는</u> 제22조 제1항에 따른 신청을 받으면 <u>소년수형자에 대한 가석방</u> 또는 <u>보호소년에 대한 퇴원·임시퇴원이</u> 적절한지를 심사하여 결정한다.

③ 심사위원회는 제1항 또는 제2항에 따라 <u>소년수형자의 가석방이 적절한지를 심사할 때에는</u> <u>보호관찰의 필요성을 심사하여 결정한다.</u>

제24조 성인수형자에 대한 보호관찰의 심사와 결정

① 심사위원회는 「형의 집행 및 수용자의 처우에 관한 법률」 제122조에 따라 가석방되는 사람(→ <u>성인수형자</u>)에 대하여 <u>보호관찰의 필요성을 심사하여 결정한다.</u>

제25조 법무부장관의 허가

<u>심사위원회는</u> 제23조에 따른 심사 결과 <u>가석방, 퇴원 또는 임시퇴원이 적절하다고 결정한 경우</u> 및 제24조에 따른 심사 결과 <u>보호관찰이 필요없다고 결정한 경우</u>에는 결정서에 관계 서류를 첨부하여 법무부장관에게 이에 대한 <u>허가를 신청하여야 하며,</u> 법무부장관은 심사위원회의 결정이 정당하다고 인정하면 이를 <u>허가할 수 있다.</u>

---

4) 「보호관찰 등에 관한 법률」 제19조의2에 따른 결정 전 조사는 법원이 「소년법」 제12조에 따라 소년 보호사건뿐만 아니라 소년 형사사건에 대한 조사 또는 심리를 위하여 필요하다고 인정되는 경우에 조사를 의뢰하는 것을 말한다. (　)　▶ ✕

5) 소년교도소의 장은 부정기형을 선고받은 소년이 단기의 3분의 1을 경과한 때에는 소년교도소의 소재지를 관할하는 보호관찰소의 장에게 그 사실을 통보하여야 한다. (　)　▶ ✕

■ 제4절 환경조사 및 환경개선활동

제26조 환경조사

① 수용기관·병원·요양소·「보호소년 등의 처우에 관한 법률」에 따른 의료재활소년원의 장은 소년수형자 및 「소년법」 제32조 제1항 제7호·제9호·제10호의 보호처분(→ 병원 등 위탁, 단기 소년원 송치, 장기 소년원 송치) 중 어느 하나에 해당하는 처분을 받은 사람(이하 "수용자"라 한다)을 수용한 경우에는 지체 없이 거주예정지를 관할하는 보호관찰소의 장에게 신상조사서를 보내 환경조사를 의뢰하여야 한다. 16. 보호7

제28조 성인수형자에 대한 보호관찰 사안조사

① 교도소·구치소·소년교도소의 장은 징역 또는 금고 이상의 형을 선고받은 성인(이하 "성인수형자"라 한다)에 대하여 「형의 집행 및 수용자의 처우에 관한 법률」 제121조에 따라 가석방심사위원회에 가석방 적격심사신청을 할 때에는 신청과 동시에 가석방 적격심사신청 대상자의 명단과 신상조사서를 해당 교도소·구치소·소년교도소의 소재지를 관할하는 심사위원회에 보내야 한다.

② 심사위원회는 교도소·구치소·소년교도소의 장으로부터 가석방 적격심사신청 대상자의 명단과 신상조사서를 받으면 해당 성인수형자를 면담하여 직접 제26조 제2항 전단에 규정된 사항, 석방 후의 재범 위험성 및 사회생활에 대한 적응 가능성 등에 관한 조사(이하 "보호관찰 사안조사"라 한다)를 하거나 교도소·구치소·소년교도소의 소재지 또는 해당 성인수형자의 거주예정지를 관할하는 보호관찰소의 장에게 그 자료를 보내 보호관찰 사안조사를 의뢰할 수 있다.

■ 제5절 보호관찰

제29조 보호관찰의 개시 및 신고

① 보호관찰은 법원의 판결이나 결정이 확정된 때 또는 가석방·임시퇴원된 때부터 시작된다. 24. 보호9★ 6)

제30조 보호관찰의 기간

보호관찰 대상자는 다음 각 호의 구분에 따른 기간에 보호관찰을 받는다. 24. 보호9★ 7)8)9)10)

1. 보호관찰을 조건으로 형의 선고유예를 받은 사람: 1년

2. 보호관찰을 조건으로 형의 집행유예를 선고받은 사람: 그 유예기간. 다만, 법원이 보호관찰 기간을 따로 정한 경우에는 그 기간

---

6) 「보호관찰 등에 관한 법률」상 보호관찰은 법원의 판결이나 결정이 확정된 때 또는 가석방·임시퇴원된 때부터 시작된다. ( ) ▶ ○

7) 보호관찰을 조건으로 형의 선고유예를 받은 사람의 경우, 보호관찰 기간은 1년이다. ( ) ▶ ○

8) 보호관찰을 조건으로 형의 집행유예를 선고받은 사람의 경우, 집행유예 기간이 보호관찰 기간이 되지만, 법원이 보호관찰 기간을 따로 정한 때에는 그 기간이 보호관찰 기간이 된다. ( ) ▶ ○

9) 소년 가석방자의 경우, 6개월 이상 2년 이하의 범위에서 가석방 심사위원회가 정한 기간이 보호관찰 기간이 된다. ( ) ▶ ✕

10) 소년원 임시퇴원자의 경우, 퇴원일로부터 6개월 이상 2년 이하의 범위에서 보호관찰 심사위원회가 정한 기간이 보호관찰 기간이 된다. ( ) ▶ ○

3. 가석방자: 「형법」 제73조의2 또는 「소년법」 제66조에 규정된 기간(→ 10년, 남은 형기 / 가석방 전에 집행을 받은 기간과 같은 기간)

4. 임시퇴원자: 퇴원일부터 6개월 이상 2년 이하의 범위에서 심사위원회가 정한 기간

5. 「소년법」 제32조 제1항 제4호 및 제5호의 보호처분(→ 단기·장기 보호관찰)을 받은 사람: 그 법률에서 정한 기간

6. 다른 법률에 따라 이 법에서 정한 보호관찰을 받는 사람: 그 법률에서 정한 기간

제31조 보호관찰 담당자

보호관찰은 보호관찰 대상자의 주거지를 관할하는 보호관찰소 소속 보호관찰관이 담당한다. 16. 보호7

제32조 보호관찰 대상자의 준수사항

② 보호관찰 대상자는 다음 각 호의 사항을 지켜야 한다(→ 일반준수사항). 23. 교정9★ 11)

1. 주거지에 상주하고 생업에 종사할 것

2. 범죄로 이어지기 쉬운 나쁜 습관을 버리고 선행을 하며 범죄를 저지를 염려가 있는 사람들과 교제하거나 어울리지 말 것

3. 보호관찰관의 지도·감독에 따르고 방문하면 응대할 것

4. 주거를 이전하거나 1개월 이상 국내외 여행을 할 때에는 미리 보호관찰관에게 신고할 것

③ 법원 및 심사위원회는 판결의 선고 또는 결정의 고지를 할 때에는 제2항의 준수사항 외에 범죄의 내용과 종류 및 본인의 특성 등을 고려하여 필요하면 보호관찰 기간의 범위에서 기간을 정하여 다음 각 호의 사항을 특별히 지켜야 할 사항으로 따로 과할 수 있다(→ 특별준수사항). 17. 교정9★

1. 야간 등 재범의 기회나 충동을 줄 수 있는 특정 시간대의 외출 제한

2. 재범의 기회나 충동을 줄 수 있는 특정 지역·장소의 출입 금지

3. 피해자 등 재범의 대상이 될 우려가 있는 특정인에 대한 접근 금지

4. 범죄행위로 인한 손해를 회복하기 위하여 노력할 것

5. 일정한 주거가 없는 자에 대한 거주장소 제한

6. 사행행위에 빠지지 아니할 것

7. 일정량 이상의 음주를 하지 말 것

8. 마약 등 중독성 있는 물질을 사용하지 아니할 것

9. 「마약류관리에 관한 법률」상의 마약류 투약, 흡연, 섭취 여부에 관한 검사에 따를 것

10. 그 밖에 보호관찰 대상자의 재범 방지를 위하여 필요하다고 인정되어 대통령령(→ 시행령 제19조)으로 정하는 사항

---

11) 「보호관찰 등에 관한 법률」상 보호관찰 대상자의 준수사항에는 ㉠ 주거를 이전하거나 10일 이상 국내외 여행을 할 때에는 미리 보호관찰관에게 신고할 것, ㉡ 범죄로 이어지기 쉬운 나쁜 습관을 버리고 선행을 하며 범죄를 저지를 염려가 있는 사람들과 교제하거나 어울리지 말 것 등이 포함된다. (　) ▶ ✕

시행령 제19조【특별준수사항】 법 제32조 제3항 제10호에서 "대통령령으로 정하는 사항"이란 다음 각 호의 사항을 말한다.

1. 운전면허를 취득할 때까지 자동차(원동기장치자전거를 포함한다) 운전을 하지 않을 것
2. 직업훈련, 검정고시 등 학과교육 또는 성행(性行: 성품과 행실)개선을 위한 교육, 치료 및 처우 프로그램에 관한 보호관찰관의 지시에 따를 것
3. 범죄와 관련이 있는 특정 업무에 관여하지 않을 것
4. 성실하게 학교수업에 참석할 것
5. 정당한 수입원에 의하여 생활하고 있음을 입증할 수 있는 자료를 정기적으로 보호관찰관에게 제출할 것
6. 흉기나 그 밖의 위험한 물건을 소지 또는 보관하거나 사용하지 아니할 것
7. 가족의 부양 등 가정생활에 있어서 책임을 성실히 이행할 것
8. 그 밖에 보호관찰 대상자의 생활상태, 심신의 상태, 범죄 또는 비행의 동기, 거주지의 환경 등으로 보아 보호관찰 대상자가 준수할 수 있고 자유를 부당하게 제한하지 아니하는 범위에서 개선·자립에 도움이 된다고 인정되는 구체적인 사항

④ 보호관찰 대상자가 제2항 또는 제3항의 준수사항을 위반하는 등 사정변경의 상당한 이유가 있는 경우에는 법원은 보호관찰소의 장의 신청 또는 검사의 청구에 따라, 심사위원회는 보호관찰소의 장의 신청에 따라 각각 준수사항의 전부 또는 일부를 추가, 변경하거나 삭제할 수 있다. 10. 교정9

⑤ 제2항부터 제4항까지의 준수사항은 서면으로 고지하여야 한다.

제33조의2 분류처우

① 보호관찰소의 장은 범행 내용, 재범위험성 등 보호관찰 대상자의 개별적 특성을 고려하여 그에 알맞은 지도·감독의 방법과 수준에 따라 분류처우를 하여야 한다. 16. 보호7

제34조 원호

① 보호관찰관은 보호관찰 대상자가 자조의 노력을 할 때에는 그의 개선과 자립을 위하여 필요하다고 인정되는 적절한 원호를 한다.

② 제1항의 원호의 방법은 다음 각 호와 같다.

1. 숙소 및 취업의 알선
2. 직업훈련 기회의 제공
3. 환경의 개선
4. 보호관찰 대상자의 건전한 사회 복귀에 필요한 원조의 제공

제36조의2 정신질환 보호관찰 대상자의 치료 등을 위한 협력

① 보호관찰 대상자로서 정신건강의학과전문의가 「정신건강증진 및 정신질환자 복지서비스 지원에 관한 법률」 제3조 제1호에 따른 정신질환자로 진단하거나 감정한 사람(이하 "정신질환 보호관찰 대상자"라 한다)은 같은 조 제3호의 정신건강복지센터에 등록하여 상담, 진료, 재활 지원 등의 서비스를 받을 수 있다.

② 보호관찰소의 장은 제1항의 정신질환 보호관찰 대상자의 보호관찰이 종료되는 때에는 심사위원회의 심사를 거쳐 그 종료사실을 정신질환 보호관찰 대상자의 주소지를 관할하는 경찰관서의 장 및 지방자치단체의 장에게 통보할 수 있다.

제38조 경고

보호관찰소의 장은 보호관찰 대상자가 제32조의 준수사항을 위반하거나 위반할 위험성이 있다고 인정할 상당한 이유가 있는 경우에는 준수사항의 이행을 촉구하고 형의 집행 등 불리한 처분을 받을 수 있음을 경고할 수 있다.

제39조 구인

① 보호관찰소의 장은 보호관찰 대상자가 제32조의 준수사항을 위반하였거나 위반하였다고 의심할 상당한 이유가 있고, 다음 각 호의 어느 하나에 해당하는 사유가 있는 경우에는 관할 지방검찰청의 검사에게 신청하여 검사의 청구로 관할 지방법원 판사의 구인장을 발부받아 보호관찰 대상자를 구인할 수 있다. 24. 보호9★ 12)

1. 일정한 주거가 없는 경우
2. 제37조 제1항에 따른 소환에 따르지 아니한 경우
3. 도주한 경우 또는 도주할 염려가 있는 경우

② 제1항의 구인장은 검사의 지휘에 따라 보호관찰관이 집행한다. 다만, 보호관찰관이 집행하기 곤란한 경우에는 사법경찰관리에게 집행하게 할 수 있다.

제40조 긴급구인

① 보호관찰소의 장은 제32조의 준수사항을 위반한 보호관찰 대상자가 제39조 제1항 각 호의 어느 하나에 해당하는 사유(→ 주거, 소환, 도주)가 있는 경우로서 긴급하여 제39조에 따른 구인장을 발부받을 수 없는 경우에는 그 사유를 알리고 구인장 없이 그 보호관찰 대상자를 구인할 수 있다. 이 경우 긴급하다 함은 해당 보호관찰 대상자를 우연히 발견한 경우 등과 같이 구인장을 발부받을 시간적 여유가 없는 경우를 말한다. 14. 교정7

② 보호관찰소의 장은 제1항에 따라 보호관찰 대상자를 구인한 경우에는 긴급구인서를 작성하여 즉시 관할 지방검찰청 검사의 승인을 받아야 한다. 19. 승진★

③ 보호관찰소의 장은 제2항에 따른 승인을 받지 못하면 즉시 보호관찰 대상자를 석방하여야 한다. 14. 교정7

제41조 구인 기간

보호관찰소의 장은 제39조 또는 제40조에 따라 보호관찰 대상자를 구인하였을 때에는 제42조에 따라 유치 허가를 청구한 경우를 제외하고는 구인한 때부터 48시간 이내에 석방하여야 한다. 다만, 제42조 제2항에 따른 유치 허가를 받지 못하면 즉시 보호관찰 대상자를 석방하여야 한다. 19. 승진

제42조 유치

① 보호관찰소의 장은 다음 각 호의 신청이 필요하다고 인정되면 제39조 또는 제40조에 따라 구인한 보호관찰 대상자를 수용기관 또는 소년분류심사원에 유치할 수 있다. 19. 교정7

1. 제47조에 따른 보호관찰을 조건으로 한 형(벌금형을 제외한다)의 선고유예의 실효 및 집행유예의 취소 청구의 신청
2. 제48조에 따른 가석방 및 임시퇴원의 취소 신청
3. 제49조에 따른 보호처분의 변경 신청

---

12) 보호관찰관은, 보호관찰 대상자가 준수사항을 위반하였다고 의심할 상당한 이유가 있고 조사에 따른 소환에 불응하는 경우, 관할 지방검찰청의 검사에게 구인장을 신청할 수 있다. (　) ▶ ✕

② 제1항에 따른 유치를 하려는 경우에는 보호관찰소의 장이 검사에게 신청하여 검사의 청구로 관할 지방법원 판사의 허가를 받아야 한다. 이 경우 검사는 보호관찰 대상자가 <u>구인된 때부터 48시간 이내에 유치 허가를 청구하여야 한다.</u> 24. 보호9★ 13)

③ 보호관찰소의 장은 유치 허가를 받은 때부터 24시간 이내에 제1항 각 호의 <u>신청을 하여야 한다.</u> 24. 보호9★ 14)

④ 검사는 보호관찰소의 장으로부터 제1항 제1호의 <u>신청을 받고 그 이유가 타당하다고 인정되면 48시간 이내에</u> 관할 지방법원에 보호관찰을 조건으로 한 형의 <u>선고유예의 실효 또는 집행유예의 취소를 청구하여야 한다.</u>

제43조 유치기간

① 제42조에 따른 유치의 기간은 제39조 제1항 또는 제40조 제1항에 따라 <u>구인한 날부터 20일로 한다.</u> 19. 교정7

② 법원은 제42조 제1항 제1호 또는 제3호에 따른 신청(→ <u>선고유예의 실효 및 집행유예의 취소 청구의 신청, 보호처분의 변경 신청</u>)이 있는 경우에 심리를 위하여 필요하다고 인정되면 심급마다 20일의 범위에서 한 차례만 유치기간을 연장할 수 있다. 19. 교정7

③ 보호관찰소의 장은 제42조 제1항 제2호에 따른 신청(→ <u>가석방 및 임시퇴원의 취소 신청</u>)이 있는 경우에 심사위원회의 심사에 필요하면 검사에게 신청하여 <u>검사의 청구로 지방법원 판사의 허가를 받아 10일의 범위에</u>서 한 차례만 유치기간을 연장할 수 있다. 19. 승진

제45조 유치기간의 형기 산입

제42조에 따라 <u>유치된 사람에 대하여 보호관찰을 조건으로 한 형의 선고유예가 실효되거나 집행유예가 취소된</u> 경우 또는 <u>가석방이 취소된 경우에는 그 유치기간을 형기에 산입한다.</u> 24. 보호9★ 15)

■ 제5절의2 보호장구

제46조의2 보호장구의 사용

① <u>보호관찰소 소속 공무원은 보호관찰 대상자가 다음 각 호의 어느 하나에 해당하고, 정당한 직무집행 과정에</u>서 필요하다고 인정되는 상당한 이유가 있으면 제46조의3 제1항에 따른 보호장구를 사용할 수 있다.

1. 제39조 및 제40조에 따라 <u>구인 또는 긴급구인한 보호관찰 대상자를 보호관찰소에 인치하거나 수용기관</u> 등에 유치하기 위해 호송하는 때

2. 제39조 및 제40조에 따라 <u>구인 또는 긴급구인한 보호관찰 대상자가 도주하거나 도주할 우려가 있는 때</u>

3. <u>위력으로 보호관찰소 소속 공무원의 정당한 직무집행을 방해하는 때</u>

4. <u>자살·자해 또는 다른 사람에 대한 위해의 우려가 큰 때</u>

5. <u>보호관찰소 시설의 설비·기구 등을 손괴하거나 그 밖에 시설의 안전 또는 질서를 해칠 우려가 큰 때</u>

---

13) 구인한 대상자를 유치하기 위한 신청이 있는 경우, 검사는 보호관찰 대상자가 구인된 때부터 48시간 이내에 관할 지방법원 판사에게 유치 허가를 청구하여야 한다. ( ) ▶ ○

14) 보호관찰부 집행유예의 취소 청구를 하려는 경우, 보호관찰소의 장은 유치 허가를 받은 때부터 48시간 이내에 관할 지방검찰 청의 검사에게 그 신청을 하여야 한다. ( ) ▶ ×

15) 유치된 보호관찰 대상자에 대하여 보호관찰을 조건으로 한 형의 선고유예가 실효된 경우에 그 유치기간은 형기에 산입되지 않는다. ( ) ▶ ×

제46조의3 보호장구의 종류 및 사용요건

① 보호장구의 종류는 다음 각 호와 같다. 19. 승진★

1. 수갑
2. 포승
3. 보호대(帶)
4. 가스총
5. 전자충격기

② 보호장구의 종류별 사용요건은 다음 각 호와 같다.

1. 수갑·포승·보호대(帶): 제46조의2 제1항 제1호부터 제5호까지의 어느 하나에 해당하는 때
2. 가스총: 제46조의2 제1항 제2호부터 제5호까지(→ 호송 ✕)의 어느 하나에 해당하는 때
3. 전자충격기: 제46조의2 제1항 제2호부터 제5호까지(→ 호송 ✕)의 어느 하나에 해당하는 경우로서 상황이 긴급하여 다른 보호장구만으로는 그 목적을 달성할 수 없는 때

제46조의4 보호장구 사용의 고지 등

① 제46조의3 제1항 제1호부터 제3호까지의 보호장구(→ 수갑, 포승, 보호대)를 사용할 경우에는 보호관찰 대상자에게 그 사유를 알려주어야 한다. 다만, 상황이 급박하여 시간적인 여유가 없을 때에는 보호장구 사용 직후 지체 없이 알려주어야 한다.

② 제46조의3 제1항 제4호 및 제5호의 보호장구(→ 가스총, 전자충격기)를 사용할 경우에는 사전에 상대방에게 이를 경고하여야 한다. 다만, 상황이 급박하여 경고할 시간적인 여유가 없는 때에는 그러하지 아니하다.

제46조의5 보호장구 남용 금지

제46조의3 제1항에 따른 보호장구는 필요한 최소한의 범위에서 사용하여야 하며, 보호장구를 사용할 필요가 없게 되면 지체 없이 사용을 중지하여야 한다.

■ 제6절 보호관찰의 종료

제47조 보호관찰을 조건으로 한 형의 선고유예의 실효 및 집행유예의 취소

① 「형법」 제61조 제2항에 따른 선고유예의 실효 및 같은 법 제64조 제2항에 따른 집행유예의 취소는 검사가 보호관찰소의 장의 신청을 받아 법원에 청구한다. 20. 교정9

제48조 가석방 및 임시퇴원의 취소

① 심사위원회는 가석방 또는 임시퇴원된 사람이 보호관찰기간 중 제32조의 준수사항을 위반하고 위반 정도가 무거워 보호관찰을 계속하기가 적절하지 아니하다고 판단되는 경우에는 보호관찰소의 장의 신청을 받거나 직권으로 가석방 및 임시퇴원의 취소를 심사하여 결정할 수 있다.

② 심사위원회는 제1항에 따른 심사 결과 가석방 또는 임시퇴원을 취소하는 것이 적절하다고 결정한 경우에는 결정서에 관계 서류를 첨부하여 법무부장관에게 이에 대한 허가를 신청하여야 하며, 법무부장관은 심사위원회의 결정이 정당하다고 인정되면 이를 허가할 수 있다.

제49조 보호처분의 변경

① 보호관찰소의 장은 「소년법」 제32조 제1항 제4호 또는 제5호의 보호처분에 따라 보호관찰을 받고 있는 사람이 보호관찰 기간 중 제32조의 준수사항을 위반하고 그 정도가 무거워 보호관찰을 계속하기 적절하지 아니하다고 판단되면 보호관찰소 소재지를 관할하는 법원에 보호처분의 변경을 신청할 수 있다.

② 제1항에 따른 보호처분의 변경을 할 경우 신청대상자가 19세 이상인 경우에도 「소년법」 제2조 및 제38조 제1항에도 불구하고 같은 법 제2장의 보호사건 규정을 적용한다.

제50조 부정기형의 종료 등

① 「소년법」 제60조 제1항(→ 상대적 부정기형)에 따라 형을 선고받은 후 가석방된 사람이 그 형의 단기가 지나고 보호관찰의 목적을 달성하였다고 인정되면 같은 법 제66조에서 정한 기간(→ 가석방 전에 집행을 받은 기간과 같은 기간) 전이라도 심사위원회는 보호관찰소의 장의 신청을 받거나 직권으로 형의 집행을 종료한 것으로 결정할 수 있다.

② 임시퇴원자가 임시퇴원이 취소되지 아니하고 보호관찰 기간을 지난 경우에는 퇴원된 것으로 본다.

제51조 보호관찰의 종료

① 보호관찰은 보호관찰 대상자가 다음 각 호의 어느 하나에 해당하는 때에 종료한다. 23. 보호7★ 16)17)

  1. 보호관찰 기간이 지난 때
  2. 「형법」 제61조에 따라 보호관찰을 조건으로 한 형의 선고유예가 실효되거나 같은 법 제63조 또는 제64조에 따라 보호관찰을 조건으로 한 집행유예가 실효되거나 취소된 때
  3. 제48조 또는 다른 법률에 따라 가석방 또는 임시퇴원이 실효되거나 취소된 때
  4. 제49조에 따라 보호처분이 변경된 때
  5. 제50조에 따른 부정기형 종료 결정이 있는 때
  6. 제53조에 따라 보호관찰이 정지된 임시퇴원자가 「보호소년 등의 처우에 관한 법률」 제43조 제1항의 나이(→ 22세)가 된 때
  7. 다른 법률에 따라 보호관찰이 변경되거나 취소·종료된 때

② 보호관찰 대상자가 보호관찰 기간 중 금고 이상의 형의 집행을 받게 된 때에는 해당 형의 집행기간 동안 보호관찰 대상자에 대한 보호관찰 기간은 계속 진행되고, 해당 형의 집행이 종료·면제되거나 보호관찰 대상자가 가석방된 경우 보호관찰 기간이 남아있는 때에는 그 잔여기간 동안 보호관찰을 집행한다.

제52조 임시해제

① 심사위원회는 보호관찰 대상자의 성적이 양호할 때에는 보호관찰소의 장의 신청을 받거나 직권으로 보호관찰을 임시해제할 수 있다.

② 임시해제 중에는 보호관찰을 하지 아니한다. 다만, 보호관찰 대상자는 준수사항을 계속하여 지켜야 한다. 23. 보호718)

---

16) 보호관찰을 조건으로 한 형의 선고유예가 실효되더라도 보호관찰은 종료되지 않는다. ( )　　　　▶ ×
17) 임시퇴원된 보호소년이 보호관찰이 정지된 상태에서 21세가 된 때에는 보호관찰이 종료된다. ( )　　　　▶ ×
18) 보호관찰 대상자는 보호관찰이 임시해제된 기간 중에는 그 준수사항을 계속하여 지키지 않아도 된다. ( )　　　　▶ ×

③ 심사위원회는 임시해제 결정을 받은 사람에 대하여 다시 보호관찰을 하는 것이 적절하다고 인정되면 보호관찰소의 장의 신청을 받거나 직권으로 임시해제 결정을 취소할 수 있다.

④ 제3항에 따라 임시해제 결정이 취소된 경우에는 그 임시해제 기간을 보호관찰 기간에 포함한다. 23. 보호7 ★ 19)

제53조 보호관찰의 정지

① 심사위원회는 가석방 또는 임시퇴원된 사람이 있는 곳을 알 수 없어 보호관찰을 계속할 수 없을 때에는 보호관찰소의 장의 신청을 받거나 직권으로 보호관찰을 정지하는 결정(이하 "정지결정"이라 한다)을 할 수 있다.

■ 제7절 보호관찰사건의 이송 등

제55조의3 보호관찰 종료사실 등의 통보

① 보호관찰소의 장은 다음 각 호의 어느 하나(생략)에 해당하는 범죄를 저지른 가석방자의 보호관찰이 종료된 때에 재범 방지 등을 위하여 필요하다고 인정하면 가석방자의 보호관찰 종료사실 등을 그의 주거지를 관할하는 경찰관서의 장에게 통보할 수 있다.

제55조의4 범죄경력자료 등의 조회 요청

① 법무부장관은 이 법에 따른 보호관찰의 집행이 종료된 사람의 재범 여부를 조사하고 보호관찰명령의 효과를 평가하기 위하여 필요한 경우에는 그 집행이 종료된 때부터 3년 동안 관계 기관에 그 사람에 관한 범죄경력자료와 수사경력자료에 대한 조회를 요청할 수 있다.

제56조 군법 적용 대상자에 대한 특례

「군사법원법」 제2조 제1항 각 호의 어느 하나에 해당하는 사람에게는 이 법을 적용하지 아니한다.

⬚ 제4장 사회봉사 및 수강

제59조 사회봉사명령 · 수강명령의 범위

① 법원은 「형법」 제62조의2(→ 집행유예 시 보호관찰, 사회봉사 · 수강명령)에 따른 사회봉사를 명할 때에는 500시간, 수강을 명할 때에는 200시간의 범위에서 그 기간을 정하여야 한다. 다만, 다른 법률에 특별한 규정이 있는 경우에는 그 법률에서 정하는 바에 따른다. 22. 보호7 ★ 20)

② 법원은 제1항의 경우에 사회봉사 · 수강명령 대상자가 사회봉사를 하거나 수강할 분야와 장소 등을 지정할 수 있다. 16. 교정9

---

19) 보호관찰의 임시해제 결정이 취소된 경우 그 임시해제 기간을 보호관찰 기간에 포함한다. ( )　　　　▶ ○

20) 법원은 「형법」 제62조의2에 따른 사회봉사를 명할 때에는 500시간, 수강을 명할 때에는 200시간의 범위에서 그 기간을 정하여야 한다. 다만, 다른 법률에 특별한 규정이 있는 경우에는 그 법률에서 정하는 바에 따른다. ( )　　　　▶ ○

제60조 판결의 통지 등

① 법원은 「형법」 제62조의2에 따른 사회봉사 또는 수강을 명하는 판결이 확정된 때부터 3일 이내에 판결문 등본 및 준수사항을 적은 서면을 피고인의 주거지를 관할하는 보호관찰소의 장에게 보내야 한다. 20. 교정9[21]

제61조 사회봉사·수강명령 집행 담당자

① 사회봉사명령 또는 수강명령은 보호관찰관이 집행한다. 다만, 보호관찰관은 국공립기관이나 그 밖의 단체에 그 집행의 전부 또는 일부를 위탁할 수 있다. 22. 보호7★[22]

② 보호관찰관은 사회봉사명령 또는 수강명령의 집행을 국공립기관이나 그 밖의 단체에 위탁한 때에는 이를 법원 또는 법원의 장에게 통보하여야 한다. 21. 보호7★

제62조 사회봉사·수강명령 대상자의 준수사항

① 사회봉사·수강명령 대상자는 대통령령으로 정하는 바에 따라 주거, 직업, 그 밖에 필요한 사항을 관할 보호관찰소의 장에게 신고하여야 한다. 11. 교정7

② 사회봉사·수강명령 대상자는 다음 각 호의 사항을 준수하여야 한다. 20. 교정9★[23]

   1. 보호관찰관의 집행에 관한 지시에 따를 것

   2. 주거를 이전하거나 1개월 이상 국내외여행을 할 때에는 미리 보호관찰관에게 신고할 것

③ 법원은 판결의 선고를 할 때 제2항의 준수사항 외에 대통령령으로 정하는 범위에서 본인의 특성 등을 고려하여 특별히 지켜야 할 사항을 따로 과할 수 있다.

④ 제2항과 제3항의 준수사항은 서면으로 고지하여야 한다.

제63조 사회봉사·수강의 종료

① 사회봉사·수강은 사회봉사·수강명령 대상자가 다음 각 호의 어느 하나에 해당하는 때에 종료한다. 22. 보호7★[24]

   1. 사회봉사명령 또는 수강명령의 집행을 완료한 때

   2. 형의 집행유예 기간이 지난 때

   3. 「형법」 제63조 또는 제64조에 따라 사회봉사·수강명령을 조건으로 한 집행유예의 선고가 실효되거나 취소된 때

   4. 다른 법률에 따라 사회봉사·수강명령이 변경되거나 취소·종료된 때

② 사회봉사·수강명령 대상자가 사회봉사·수강명령 집행 중 금고 이상의 형의 집행을 받게 된 때에는 해당 형의 집행이 종료·면제되거나 사회봉사·수강명령 대상자가 가석방된 경우 잔여 사회봉사·수강명령을 집행한다. 24. 보호9★[25]

---

21) 법원은 「형법」 제62조의2에 따른 사회봉사 또는 수강을 명하는 판결이 확정된 때부터 3일 이내에 판결문 등본 및 준수사항을 적은 서면을 피고인의 주거지를 관할하는 보호관찰소의 장에게 보내야 한다. ( ) ▶ ○

22) 「보호관찰 등에 관한 법률」상 보호관찰관은 사회봉사명령 집행의 전부 또는 일부를 국공립기관이나 그 밖의 단체에 위탁할 수 있다. ( ) ▶ ○

23) 사회봉사·수강명령 대상자는 주거를 이전하거나 10일 이상의 국외여행을 할 때에는 미리 보호관찰관에게 신고하여야 한다. ( ) ▶ ×

24) 형의 집행유예 기간이 지난 때에는 사회봉사는 잔여 집행기간에도 불구하고 종료한다. ( ) ▶ ○

25) 사회봉사·수강명령 대상자가 사회봉사·수강명령 집행 중 금고 이상의 형의 집행을 받게 된 때에는 해당 형의 집행이 종료·면제되거나 사회봉사·수강명령 대상자가 가석방된 경우 잔여 사회봉사수강명령을 집행한다. ( ) ▶ ○

제64조 준용 규정

① 사회봉사·수강명령 대상자에 대하여는 제34조부터 제36조까지 및 제54조부터 제57조까지의 규정을 준용한다.

🔲 제5장 갱생보호

■ 제1절 갱생보호의 방법 및 개시

제65조 갱생보호의 방법

① 갱생보호는 다음 각 호의 방법으로 한다. 18. 교정7 ★

  1. 숙식 제공
  2. 주거 지원
  3. 창업 지원
  4. 직업훈련 및 취업 지원
  5. 출소예정자 사전상담
  6. 갱생보호 대상자의 가족에 대한 지원
  7. 심리상담 및 심리치료
  8. 사후관리
  9. 그 밖에 갱생보호 대상자에 대한 자립 지원

제66조 갱생보호의 신청 및 조치

① 갱생보호 대상자와 관계 기관은 <u>보호관찰소의 장</u>, 제67조 제1항에 따라 <u>갱생보호사업 허가를 받은 자</u> 또는 제71조에 따른 <u>한국법무보호복지공단</u>에 갱생보호 신청을 할 수 있다(→ <u>임의적 갱생보호</u>). 21. 교정9 ★ 26)

■ 제2절 갱생보호사업자

제67조 갱생보호사업의 허가

① <u>갱생보호사업을 하려는 자</u>는 법무부령으로 정하는 바에 따라 <u>법무부장관의 허가</u>를 받아야 한다. 허가받은 사항을 <u>변경</u>하려는 경우에도 또한 같다. 15. 교정7 ★

---

26) 「보호관찰 등에 관한 법률」상 갱생보호는 갱생보호 대상자의 신청에 의한 갱생보호와 법원의 직권에 의한 갱생보호로 규정되어 있다. (   ) ▶ ✕

제70조 갱생보호사업의 허가 취소 등

법무부장관은 사업자가 다음 각 호의 어느 하나에 해당할 때에는 그 허가를 취소하거나 6개월 이내의 기간을 정하여 그 사업의 전부 또는 일부의 정지를 명할 수 있다. 다만, 제1호 또는 제4호에 해당하는 때에는 그 허가를 취소하여야 한다.

1. 부정한 방법으로 갱생보호사업의 허가를 받은 경우
2. 갱생보호사업의 허가 조건을 위반한 경우
3. 목적사업 외의 사업을 한 경우
4. 정당한 이유 없이 갱생보호사업의 허가를 받은 후 6개월 이내에 갱생보호사업을 시작하지 아니하거나 1년 이상 갱생보호사업의 실적이 없는 경우 21. 교정9
5. 제69조에 따른 보고를 거짓으로 한 경우
6. 이 법 또는 이 법에 따른 명령을 위반한 경우

제70조의2 청문

법무부장관은 제70조에 따라 갱생보호사업의 허가를 취소하거나 정지하려는 경우에는 청문을 하여야 한다. 21. 교정9★

■ 제3절 한국법무보호복지공단

제71조 한국법무보호복지공단의 설립

갱생보호사업을 효율적으로 추진하기 위하여 한국법무보호복지공단(이하 "공단"이라 한다)을 설립한다. 21. 교정9★

제72조 법인격

공단은 법인으로 한다.

제82조 공단의 사업

공단은 그 목적을 달성하기 위하여 다음 각 호의 사업을 한다.

1. 갱생보호
2. 갱생보호제도의 조사·연구 및 보급·홍보
3. 갱생보호사업을 위한 수익사업
4. 공단의 목적 달성에 필요한 사업

10 치료감호 등에 관한 법률

📖 제1장 총칙

제1조 목적

이 법은 심신장애 상태, 마약류·알코올이나 그 밖의 약물중독 상태, 정신성적 장애가 있는 상태 등에서 범죄행위를 한 자로서 재범의 위험성이 있고 특수한 교육·개선 및 치료가 필요하다고 인정되는 자에 대하여 적절한 보호와 치료를 함으로써 재범을 방지하고 사회복귀를 촉진하는 것을 목적으로 한다. 14. 보호7

제2조 치료감호대상자

① 이 법에서 "치료감호대상자"란 다음 각 호의 어느 하나에 해당하는 자로서 치료감호시설에서 치료를 받을 필요가 있고 재범의 위험성이 있는 자를 말한다. 21. 교정9★ 1)

1. 「형법」 제10조 제1항(→ 심신상실)에 따라 벌하지 아니하거나 같은 조 제2항(→ 심신미약)에 따라 형을 감경할 수 있는 심신장애인으로서 금고 이상의 형에 해당하는 죄를 지은 자
2. 마약·향정신성의약품·대마, 그 밖에 남용되거나 해독을 끼칠 우려가 있는 물질이나 알코올을 식음·섭취·흡입·흡연 또는 주입받는 습벽이 있거나 그에 중독된 자로서 금고 이상의 형에 해당하는 죄를 지은 자
3. 소아성기호증, 성적가학증 등 성적 성벽이 있는 정신성적 장애인으로서 금고 이상의 형에 해당하는 성폭력범죄를 지은 자

제2조의3 치료명령대상자

이 법에서 "치료명령대상자"란 다음 각 호의 어느 하나에 해당하는 자로서 통원치료를 받을 필요가 있고 재범의 위험성이 있는 자를 말한다.

1. 「형법」 제10조 제2항(→ 심신미약)에 따라 형을 감경할 수 있는 심신장애인으로서 금고 이상의 형에 해당하는 죄를 지은 자
2. 알코올을 식음하는 습벽이 있거나 그에 중독된 자로서 금고 이상의 형에 해당하는 죄를 지은 자
3. 마약·향정신성의약품·대마, 그 밖에 대통령령으로 정하는 남용되거나 해독을 끼칠 우려가 있는 물질을 식음·섭취·흡입·흡연 또는 주입받는 습벽이 있거나 그에 중독된 자로서 금고 이상의 형에 해당하는 죄를 지은 자

제3조 관할

② 치료감호사건의 제1심 재판관할은 지방법원합의부 및 지방법원지원 합의부로 한다. 이 경우 치료감호가 청구된 치료감호대상자(이하 "피치료감호청구인"이라 한다)에 대한 치료감호사건과 피고사건의 관할이 다른 때에는 치료감호사건의 관할에 따른다. 15. 사시★

---

1) 치료감호 대상자는 의사무능력이나 심신미약으로 인하여 형이 감경되는 심신장애인으로서 징역형 이상의 형에 해당하는 죄를 지은 자이다. (　)　▶ ✕

제2장 치료감호사건의 절차 등

제4조 검사의 치료감호 청구

① 검사는 치료감호대상자가 치료감호를 받을 필요가 있는 경우 관할 법원에 치료감호를 청구할 수 있다. 11. 교정7

② 치료감호대상자에 대한 치료감호를 청구할 때에는 정신건강의학과 등의 전문의의 진단이나 감정을 참고하여야 한다. 다만, 제2조 제1항 제3호에 따른 치료감호대상자(→ 정신성적 장애인)에 대하여는 정신건강의학과 등의 전문의의 진단이나 감정을 받은 후 치료감호를 청구하여야 한다. 21. 보호7★ 2)

⑤ 검사는 공소제기한 사건의 항소심 변론종결 시까지 치료감호를 청구할 수 있다. 11. 사시

⑦ 법원은 공소제기된 사건의 심리결과 치료감호를 할 필요가 있다고 인정할 때에는 검사에게 치료감호 청구를 요구할 수 있다. 18. 승진★

제6조 치료감호영장

① 치료감호대상자에 대하여 치료감호를 할 필요가 있다고 인정되고 다음 각 호의 어느 하나에 해당하는 사유가 있을 때에는 검사는 관할 지방법원 판사에게 청구하여 치료감호영장을 발부받아 치료감호대상자를 보호구속(보호구금과 보호구인을 포함한다. 이하 같다)할 수 있다.

1. 일정한 주거가 없을 때
2. 증거를 인멸할 염려가 있을 때
3. 도망하거나 도망할 염려가 있을 때

제7조 치료감호의 독립 청구

검사는 다음 각 호의 어느 하나에 해당하는 경우에는 공소를 제기하지 아니하고 치료감호만을 청구할 수 있다. 20. 보호7★ 3)

1. 피의자가 「형법」 제10조 제1항(→ 심신상실)에 해당하여 벌할 수 없는 경우
2. 고소·고발이 있어야 논할 수 있는 죄(→ 친고죄)에서 그 고소·고발이 없거나 취소된 경우 또는 피해자의 명시적인 의사에 반하여 논할 수 없는 죄(→ 반의사불벌죄)에서 피해자가 처벌을 원하지 아니한다는 의사표시를 하거나 처벌을 원한다는 의사표시를 철회한 경우
3. 피의자에 대하여 「형사소송법」 제247조에 따라 공소를 제기하지 아니하는 결정(→ 기소유예결정)을 한 경우

제8조 치료감호 청구와 구속영장의 효력

구속영장에 의하여 구속된 피의자에 대하여 검사가 공소를 제기하지 아니하는 결정을 하고 치료감호 청구만을 하는 때에는 구속영장은 치료감호영장으로 보며 그 효력을 잃지 아니한다. 21. 보호7★ 4)

---

2) 검사는 심신장애인으로 금고 이상의 형에 해당하는 죄를 지은 자에 대하여 정신건강의학과 등의 전문의의 진단이나 감정을 받은 후, 치료감호를 청구하여야 한다. ( ) ▶ ×

3) 피의자가 심신장애로 의사결정능력이 없기 때문에 벌할 수 없는 경우 검사는 공소제기 없이 치료감호만을 청구할 수 있다. ( ) ▶ ○

4) 구속영장에 의하여 구속된 피의자에 대하여 검사가 공소를 제기하지 아니하는 결정을 하고 치료감호 청구만을 하는 때에는 그 구속영장의 효력이 당연히 소멸하므로 검사는 법원으로부터 치료감호영장을 새로이 발부받아야 한다. ( ) ▶ ×

제9조 피치료감호청구인의 불출석

법원은 피치료감호청구인이 「형법」 제10조 제1항(→ 심신상실)에 따른 심신장애로 공판기일에의 출석이 불가능한 경우에는 피치료감호청구인의 출석 없이 개정할 수 있다.

제10조 공판절차로의 이행

① 제7조 제1호(→ 피의자가 심신상실에 해당하여 벌할 수 없는 경우로서 공소제기 없이 치료감호만 청구)에 따른 치료감호청구사건의 공판을 시작한 후 피치료감호청구인이 「형법」 제10조 제1항에 따른 심신장애에 해당되지 아니한다는 명백한 증거가 발견되고 검사의 청구가 있을 때에는 법원은 「형사소송법」에 따른 공판절차로 이행(移行)하여야 한다.

② 제1항에 따라 공판절차로 이행한 경우에는 치료감호를 청구하였던 때에 공소를 제기한 것으로 본다. 이 경우 치료감호청구서는 공소장과 같은 효력을 가지며, 공판절차로 이행하기 전의 심리는 공판절차에 따른 심리로 본다. 공소장에 적어야 할 사항은 「형사소송법」 제298조(→ 공소장의 변경)의 절차에 따라 변경할 수 있다.

③ 약식명령(略式命令)이 청구된 후 치료감호가 청구되었을 때에는 약식명령청구는 그 치료감호가 청구되었을 때부터 공판절차에 따라 심판하여야 한다. 21. 보호7

제12조 치료감호의 판결 등

① 법원은 치료감호사건을 심리하여 그 청구가 이유 있다고 인정할 때에는 판결로써 치료감호를 선고하여야 하고, 이유 없다고 인정할 때 또는 피고사건에 대하여 심신상실 외의 사유로 무죄를 선고하거나 사형을 선고할 때에는 판결로써 청구기각을 선고하여야 한다. 19. 교정9

② 치료감호사건의 판결은 피고사건의 판결과 동시에 선고하여야 한다. 다만, 제7조(→ 치료감호의 독립 청구)에 따라 공소를 제기하지 아니하고 치료감호만을 청구한 경우에는 그러하지 아니하다.

제13조 전문가의 감정 등

법원은 제4조 제2항에 따른 정신건강의학과 전문의 등의 진단 또는 감정의견만으로 피치료감호청구인의 심신장애 또는 정신성적 장애가 있는지의 여부를 판단하기 어려울 때에는 정신건강의학과 전문의 등에게 다시 감정을 명할 수 있다.

□ 제3장   치료감호의 집행

제16조 치료감호의 내용

① 치료감호를 선고받은 자(이하 "피치료감호자"라 한다)에 대하여는 치료감호시설에 수용하여 치료를 위한 조치를 한다.

② 피치료감호자를 치료감호시설에 수용하는 기간은 다음 각 호의 구분에 따른 기간을 초과할 수 없다. 21. 교정9 ★ 5)6)

---

5) 마약·향정신성의약품·대마, 그 밖에 남용되거나 해독(害毒)을 끼칠 우려가 있는 물질이나 알코올을 식음(食飲)·섭취·흡입·흡연 또는 주입받는 습벽이 있거나 그에 중독된 자가 금고 이상의 형에 해당하는 죄를 범하여 치료감호의 선고를 받은 경우 치료감호시설 수용 기간은 1년을 초과할 수 없다. (   )   ▶ ×

6) 소아성기호증 등 성적 성벽이 있는 장애인으로서 금고 이상의 형에 해당하는 성폭력범죄를 지은 자에 대한 치료감호의 기간은 2년을 초과할 수 없다. (   )   ▶ ×

1. 제2조 제1항 제1호 및 제3호에 해당하는 자(→ 심신장애인, 정신성적 장애인): 15년
2. 제2조 제1항 제2호에 해당하는 자(→ 중독된 자): 2년

③ 「전자장치 부착 등에 관한 법률」 제2조 제3호의2에 따른 살인범죄(이하 "살인범죄"라 한다)를 저질러 치료감호를 선고받은 피치료감호자가 살인범죄를 다시 범할 위험성이 있고 계속 치료가 필요하다고 인정되는 경우에는 법원은 치료감호시설의 장의 신청에 따른 검사의 청구로 3회까지 매회 2년의 범위에서 제2항 각 호의 기간을 연장하는 결정을 할 수 있다.

⑤ 제3항에 따른 검사의 청구는 제2항 각 호의 기간 또는 제3항에 따라 연장된 기간이 종료하기 6개월 전까지 하여야 한다. 19. 교정9

⑥ 제3항에 따른 법원의 결정은 제2항 각 호의 기간 또는 제3항에 따라 연장된 기간이 종료하기 3개월 전까지 하여야 한다.

제16조의2 치료감호시설

① 제16조 제1항에서 "치료감호시설"이란 다음 각 호의 시설을 말한다.
1. 국립법무병원
2. 국가가 설립·운영하는 국립정신의료기관 중 법무부장관이 지정하는 기관(이하 "지정법무병원"이라 한다)

제17조 집행 지휘

① 치료감호의 집행은 검사가 지휘한다. 12. 사시

제18조 집행 순서 및 방법

치료감호와 형이 병과된 경우에는 치료감호를 먼저 집행한다. 이 경우 치료감호의 집행기간은 형 집행기간에 포함한다(→ 기능적 대체). 20. 교정9 ★ 7)

제19조 구분 수용

피치료감호자는 특별한 사정이 없으면 제2조 제1항 각 호의 구분에 따라 구분하여 수용하여야 한다.

제20조 치료감호 내용 등의 공개

이 법에 따른 치료감호의 내용과 실태는 대통령령으로 정하는 바에 따라 공개하여야 한다. 이 경우 피치료감호자나 그의 보호자가 동의한 경우 외에는 피치료감호자의 개인신상에 관한 것은 공개하지 아니한다. 18. 승진★

제21조 소환 및 치료감호 집행

① 검사는 보호구금되어 있지 아니한 피치료감호자에 대한 치료감호를 집행하기 위하여 피치료감호자를 소환할 수 있다.

② 피치료감호자가 제1항에 따른 소환에 응하지 아니하면 검사는 치료감호집행장을 발부하여 보호구인할 수 있다.

---

7) 치료감호와 형(刑)이 병과(倂科)된 경우에는 치료감호를 먼저 집행하며, 이 경우 치료감호의 집행기간은 형 집행기간에 포함되지 않는다. (　)　　　　　　　　　　　　　　　　▶ ×

③ 피치료감호자가 도망하거나 도망할 염려가 있을 때 또는 피치료감호자의 현재지(現在地)를 알 수 없을 때에는 제2항에도 불구하고 소환 절차를 생략하고 치료감호집행장을 발부하여 보호구인할 수 있다.

④ 치료감호집행장은 치료감호영장과 같은 효력이 있다.

제21조의2 치료감호시설 간 이송

① 제37조에 따른 치료감호심의위원회는 피치료감호자에 대하여 치료감호 집행을 시작한 후 6개월마다 국립법무병원에서 지정법무병원으로 이송할 것인지를 심사·결정한다.

② 지정법무병원으로 이송된 피치료감호자가 수용질서를 해치거나 증상이 악화되는 등의 사유로 지정법무병원에서 계속 치료하기 곤란할 경우 제37조에 따른 치료감호심의위원회는 지정법무병원의 피치료감호자를 국립법무병원으로 재이송하는 결정을 할 수 있다.

제22조 가종료 등의 심사·결정

제37조에 따른 치료감호심의위원회는 피치료감호자에 대하여 치료감호 집행을 시작한 후 매 6개월마다 치료감호의 종료 또는 가종료 여부를 심사·결정하고, 가종료 또는 치료위탁된 피치료감호자에 대하여는 가종료 또는 치료위탁 후 매 6개월마다 종료 여부를 심사·결정한다. 16. 교정9

제23조 치료의 위탁

① 제37조에 따른 치료감호심의위원회는 치료감호만을 선고받은 피치료감호자에 대한 집행이 시작된 후 1년이 지났을 때에는 상당한 기간을 정하여 그의 법정대리인, 배우자, 직계친족, 형제자매(이하 "법정대리인등"이라 한다)에게 치료감호시설 외에서의 치료를 위탁할 수 있다. 19. 교정9

② 제37조에 따른 치료감호심의위원회는 치료감호와 형이 병과되어 형기에 상당하는 치료감호를 집행받은 자에 대하여는 상당한 기간을 정하여 그 법정대리인등에게 치료감호시설 외에서의 치료를 위탁할 수 있다.

제24조 치료감호의 집행정지

피치료감호자에 대하여 「형사소송법」 제471조 제1항 각 호의 어느 하나에 해당하는 사유(→ 임의적 형집행정지 사유)가 있을 때에는 같은 조에 따라 검사는 치료감호의 집행을 정지할 수 있다. 이 경우 치료감호의 집행이 정지된 자에 대한 관찰은 형집행정지자에 대한 관찰의 예에 따른다. 18. 승진★

☐ 제4장 피치료감호자 및 피치료감호청구인 등의 처우와 권리

제25조 피치료감호자의 처우

① 치료감호시설의 장은 피치료감호자의 건강한 생활이 보장될 수 있도록 쾌적하고 위생적인 시설을 갖추고 의류, 침구, 그 밖에 처우에 필요한 물품을 제공하여야 한다.

③ 치료감호시설의 장은 피치료감호자의 사회복귀에 도움이 될 수 있도록 치료와 개선 정도에 따라 점진적으로 개방적이고 완화된 처우를 하여야 한다.

제25조의2 피치료감호청구인의 처우

① 피치료감호청구인은 피치료감호자와 구분하여 수용한다. 다만, 다음 각 호의 어느 하나에 해당하는 경우에는 피치료감호청구인을 피치료감호자와 같은 치료감호시설에 수용할 수 있다.

  1. 치료감호시설이 부족한 경우
  2. 범죄의 증거인멸을 방지하기 위하여 필요하거나 그 밖에 특별한 사정이 있는 경우

② 제1항 단서에 따라 같은 치료감호시설에 수용된 피치료감호자와 피치료감호청구인은 분리하여 수용한다.

③ 치료감호시설의 장은 피치료감호청구인이 치료감호시설에 수용된 경우에는 그 특성을 고려하여 적합한 처우를 하여야 한다.

제25조의3 격리 등 제한의 금지

① 치료감호시설의 장은 피치료감호자 및 피치료감호청구인(이하 "피치료감호자등"이라 한다)이 다음 각 호(→ 격리 등 제한사유)의 어느 하나에 해당하는 경우가 아니면 피치료감호자등에 대하여 격리 또는 묶는 등의 신체적 제한을 할 수 없다. 다만, 피치료감호자등의 신체를 묶는 등으로 직접적으로 제한하는 것은 제1호의 경우에 한정한다.

  1. 자신이나 다른 사람을 위험에 이르게 할 가능성이 뚜렷하게 높고 신체적 제한 외의 방법으로 그 위험을 회피하는 것이 뚜렷하게 곤란하다고 판단되는 경우
  2. 중대한 범법행위 또는 규율위반 행위를 한 경우
  3. 그 밖에 수용질서를 문란케 하는 중대한 행위를 한 경우

② 치료감호시설의 장은 제1항에 따라 피치료감호자등에 대하여 격리 또는 묶는 등의 신체적 제한을 하려는 경우 정신건강의학과 전문의의 지시에 따라야 한다. 다만, 제1항 제2호 또는 제3호에 해당하는 경우에는 담당 의사의 지시에 따를 수 있다.

③ 제1항 및 제2항에 따라 피치료감호자등을 격리하는 경우에는 해당 치료감호시설 안에서 하여야 한다.

제26조 면회 등

치료감호시설의 장은 수용질서 유지나 치료를 위하여 필요한 경우 외에는 피치료감호자의 면회, 편지의 수신·발신, 전화통화 등을 보장하여야 한다.

제27조 텔레비전 시청 등

피치료감호자의 텔레비전 시청, 라디오 청취, 신문·도서의 열람은 일과시간이나 취침시간 등을 제외하고는 자유롭게 보장된다. 21. 보호7★[8]

제28조 환자의 치료

① 치료감호시설의 장은 피치료감호자가 치료감호시설에서 치료하기 곤란한 질병에 걸렸을 때에는 외부의료기관에서 치료를 받게 할 수 있다.

② 치료감호시설의 장은 제1항의 경우 본인이나 보호자 등이 직접 비용을 부담하여 치료 받기를 원하면 이를 허가할 수 있다.

---

8) 피치료감호자의 텔레비전 시청, 라디오 청취, 신문·도서의 열람은 일과시간이나 취침시간 등을 제외하고는 자유롭게 보장된다.
( ) ▶ ○

제29조 근로보상금 등의 지급

근로에 종사하는 피치료감호자에게는 근로의욕을 북돋우고 석방 후 사회정착에 도움이 될 수 있도록 법무부장관이 정하는 바에 따라 근로보상금을 지급하여야 한다. 19. 교정9

제30조 처우개선의 청원

① 피치료감호자나 법정대리인등은 법무부장관에게 피치료감호자의 처우개선에 관한 청원을 할 수 있다.

제31조 운영실태 등 점검

법무부장관은 연 2회 이상 치료감호시설의 운영실태 및 피치료보호자에 대한 처우상태를 점검하여야 한다.

📖 제5장 보호관찰

제32조 보호관찰

① 피치료감호자가 다음 각 호의 어느 하나에 해당하게 되면 「보호관찰 등에 관한 법률」에 따른 보호관찰(이하 "보호관찰"이라 한다)이 시작된다. 22. 교정7 ★ 9)

 1. 피치료감호자에 대한 치료감호가 가종료되었을 때

 2. 피치료감호자가 치료감호시설 외에서 치료받도록 법정대리인등에게 위탁되었을 때

 3. 제16조 제2항 각 호에 따른 기간 또는 같은 조 제3항에 따라 연장된 기간(이하 "치료감호기간"이라 한다)이 만료되는 피치료감호자에 대하여 제37조에 따른 치료감호심의위원회가 심사하여 보호관찰이 필요하다고 결정한 경우에는 치료감호기간이 만료되었을 때

② 보호관찰의 기간은 3년으로 한다. 22. 교정7 ★ 10)

③ 보호관찰을 받기 시작한 자(이하 "피보호관찰자"라 한다)가 다음 각 호의 어느 하나에 해당하게 되면 보호관찰이 종료된다. 18. 교정9

 1. 보호관찰기간이 끝났을 때

 2. 보호관찰기간이 끝나기 전이라도 제37조에 따른 치료감호심의위원회의 치료감호의 종료결정이 있을 때

 3. 보호관찰기간이 끝나기 전이라도 피보호관찰자가 다시 치료감호 집행을 받게 되어 재수용되었을 때

④ 피보호관찰자가 보호관찰기간 중 새로운 범죄로 금고 이상의 형의 집행을 받게 된 때에는 보호관찰은 종료되지 아니하며, 해당 형의 집행기간 동안 피보호관찰자에 대한 보호관찰기간은 계속 진행된다. 22. 교정7 11)

⑤ 피보호관찰자에 대하여 제4항에 따른 금고 이상의 형의 집행이 종료·면제되는 때 또는 피보호관찰자가 가석방되는 때에 보호관찰기간이 아직 남아있으면 그 잔여기간 동안 보호관찰을 집행한다.

---

9) 피치료감호자가 치료감호시설 외에서 치료받도록 법정대리인 등에게 위탁되었을 때에는 「보호관찰 등에 관한 법률」에 따른 보호관찰이 시작되고, 이때 보호관찰의 기간은 3년으로 한다. ( )　　　　　　　　　▶ ○

10) 피치료감호자의 치료감호가 가종료되었을 때 시작되는 보호관찰의 기간은 2년으로 한다. ( )　　　▶ ✕

11) 피보호관찰자가 새로운 범죄로 금고 이상의 형의 집행을 받게 되었을지라도 보호관찰은 종료되지 아니하고 해당 형의 집행기간 동안 보호관찰기간은 정지된다. ( )　　　　　　　　　▶ ✕

제33조 피보호관찰자의 준수사항

① 피보호관찰자는 「보호관찰 등에 관한 법률」 제32조 제2항에 따른 준수사항(→ 일반준수사항)을 성실히 이행하여야 한다.

② 제37조에 따른 치료감호심의위원회는 피보호관찰자의 치료경과 및 특성 등에 비추어 필요하다고 판단되면 제1항에 따른 준수사항 외에 다음 각 호의 사항 중 전부 또는 일부를 따로 보호관찰기간 동안 특별히 지켜야 할 준수사항으로 부과할 수 있다.

1. 주기적인 외래치료 및 처방받은 약물의 복용 여부에 관한 검사
2. 야간 등 재범의 기회나 충동을 줄 수 있는 특정 시간대의 외출 제한
3. 재범의 기회나 충동을 줄 수 있는 특정지역·장소에 출입 금지
4. 피해자 등 재범의 대상이 될 우려가 있는 특정인에게 접근 금지
5. 일정한 주거가 없는 경우 거주 장소 제한
6. 일정량 이상의 음주 금지
7. 마약 등 중독성 있는 물질 사용 금지
8. 「마약류 관리에 관한 법률」에 따른 마약류 투약, 흡연, 섭취 여부에 관한 검사
9. 그 밖에 피보호관찰자의 생활상태, 심신상태나 거주지의 환경 등으로 보아 피보호관찰자가 준수할 수 있고 그 자유를 부당하게 제한하지 아니하는 범위에서 피보호관찰자의 재범 방지 또는 치료감호의 원인이 된 질병·습벽의 재발 방지를 위하여 필요하다고 인정되는 사항

③ 제37조에 따른 치료감호심의위원회는 피보호관찰자가 제1항 또는 제2항의 준수사항을 위반하거나 상당한 사정변경이 있는 경우에는 직권 또는 보호관찰소의 장의 신청에 따라 준수사항 전부 또는 일부의 추가·변경 또는 삭제에 관하여 심사하고 결정할 수 있다.

④ 제1항부터 제3항까지의 규정에 따른 준수사항은 서면으로 고지하여야 한다.

⑤ 보호관찰소의 장은 피보호관찰자가 제1항부터 제3항까지의 준수사항을 위반하거나 위반할 위험성이 있다고 인정할 상당한 이유가 있는 경우에는 준수사항의 이행을 촉구하고 제22조에 따른 가종료 또는 제23조에 따른 치료의 위탁(이하 "가종료등"이라 한다)의 취소 등 불리한 처분을 받을 수 있음을 경고할 수 있다.

제33조의2 유치 및 유치기간 등

① 보호관찰소의 장은 제33조에 따른 준수사항을 위반한 피보호관찰자를 구인(拘引)할 수 있다. 이 경우 피보호관찰자의 구인에 대해서는 「보호관찰 등에 관한 법률」 제39조 및 제40조를 준용한다.

② 보호관찰소의 장은 다음 각 호의 어느 하나에 해당하는 신청을 검사에게 요청할 필요가 있다고 인정하는 경우에는 구인한 피보호관찰자를 교도소, 구치소 또는 치료감호시설에 유치할 수 있다.

1. 제22조에 따른 가종료의 취소 신청
2. 제23조에 따른 치료 위탁의 취소 신청

③ 보호관찰소의 장은 제2항에 따라 피보호관찰자를 유치하려는 경우에는 검사에게 신청하여 검사의 청구로 관할 지방법원 판사의 허가를 받아야 한다. 이 경우 검사는 피보호관찰자가 구인된 때부터 48시간 이내에 유치허가를 청구하여야 한다.

④ 보호관찰소의 장은 유치허가를 받은 때부터 24시간 이내에 검사에게 가종료등의 취소 신청을 요청하여야 한다.

⑤ 검사는 보호관찰소의 장으로부터 제4항에 따른 신청을 받았을 경우에 그 이유가 타당하다고 인정되면 48시간 이내에 제37조에 따른 치료감호심의위원회에 가종료등의 취소를 신청하여야 한다.

⑥ 보호관찰소의 장이 제2항에 따라 피보호관찰자를 유치할 수 있는 기간은 <u>구인한 날부터 30일</u>로 한다. 다만, 보호관찰소의 장은 제5항에 따른 검사의 신청이 있는 경우에 제37조에 따른 치료감호심의위원회의 심사에 필요하면 검사에게 신청하여 검사의 청구로 관할 지방법원 <u>판사의 허가</u>를 받아 <u>20일의 범위</u>에서 <u>한 차례</u>만 유치기간을 <u>연장</u>할 수 있다.

⑦ 보호관찰소의 장은 다음 각 호의 어느 하나에 해당하는 경우에는 유치를 해제하고 피보호관찰자를 즉시 석방하여야 한다.
    1. 제37조에 따른 치료감호심의위원회가 제43조 제1항에 따른 검사의 가종료등의 취소 신청을 기각한 경우
    2. 검사가 제43조 제3항에 따른 보호관찰소의 장의 가종료등의 취소 신청에 대한 요청을 기각한 경우

⑧ 제2항에 따라 유치된 피보호관찰자에 대하여 <u>가종료등이 취소</u>된 경우에는 그 <u>유치기간을 치료감호기간에 산입</u>한다.

제34조 피보호관찰자 등의 신고 의무

① <u>피보호관찰자나 법정대리인등</u>은 대통령령으로 정하는 바에 따라 <u>출소 후의 거주 예정지</u>나 그 밖에 필요한 사항을 <u>미리 치료감호시설의 장</u>에게 신고하여야 한다.

② 피보호관찰자나 법정대리인등은 <u>출소 후 10일 이내</u>에 주거, 직업, 치료를 받는 병원, 피보호관찰자가 등록한 「정신건강증진 및 정신질환자 복지서비스 지원에 관한 법률」 제3조 제3호에 따른 <u>정신건강복지센터</u>(이하 "정신건강복지센터"라 한다), 그 밖에 필요한 사항을 <u>보호관찰관</u>에게 서면으로 신고하여야 한다.

제35조 치료감호의 종료

① 제32조 제1항 제1호(→ 가종료) 또는 제2호(→ 치료위탁)에 해당하는 경우에는 <u>보호관찰기간이 끝나면</u> 피보호관찰자에 대한 치료감호가 끝난다. 21. 교정912)

② 제37조에 따른 치료감호심의위원회는 피보호관찰자의 관찰성적 및 치료경과가 양호하면 보호관찰기간이 끝나기 전에 보호관찰의 종료를 결정할 수 있다.

제36조 가종료 취소와 치료감호의 재집행

제37조에 따른 <u>치료감호심의위원회</u>는 피보호관찰자(제32조 제1항 제3호에 따라 <u>치료감호기간 만료 후 피보호관찰자가 된 사람은 제외</u>한다)가 다음 각 호의 어느 하나에 해당할 때에는 결정으로 <u>가종료등을 취소</u>하고 <u>다시 치료감호를 집행</u>할 수 있다.

1. <u>금고 이상의 형</u>에 해당하는 죄를 지은 때. 다만, <u>과실범은 제외</u>한다.
2. 제33조의 <u>준수사항</u>이나 그 밖에 보호관찰에 관한 <u>지시·감독</u>을 <u>위반</u>하였을 때
3. 제32조 제1항 제1호(→ 가종료)에 따라 피보호관찰자가 된 사람이 <u>증상이 악화</u>되어 <u>치료감호가 필요</u>하다고 인정될 때

---

12) 보호관찰 기간이 끝나더라도 재범의 위험성이 없다고 판단될 때까지 치료감호가 종료되지 않는다. (　) ▶ ✕

제5장의2 치료감호시설 출소자의 치료 및 관리

제36조의2 치료감호시설 출소자의 정신건강복지센터 등록 등

치료감호가 종료 또는 가종료되거나 제24조에 따라 집행정지된 사람(이하 "치료감호시설 출소자"라 한다)은 정신건강복지센터에 등록하여 상담, 진료, 사회복귀훈련 등 정신건강복지센터의 정신보건서비스를 받을 수 있다.

제6장 치료감호심의위원회

제37조 치료감호심의위원회

① 치료감호 및 보호관찰의 관리와 집행에 관한 사항을 심사·결정하기 위하여 법무부에 치료감호심의위원회(이하 "위원회"라 한다)를 둔다.

② 위원회는 판사, 검사, 법무부의 고위공무원단에 속하는 일반직공무원 또는 변호사의 자격이 있는 6명 이내의 위원과 정신건강의학과 등 전문의의 자격이 있는 3명 이내의 위원으로 구성하고, 위원장은 법무부차관으로 한다.

③ 위원회는 다음 각 호의 사항을 심사·결정한다.
  1. 피치료감호자에 대한 치료감호시설 간 이송에 관한 사항
  2. 피치료감호자에 대한 치료의 위탁·가종료 및 그 취소와 치료감호 종료 여부에 관한 사항
  3. 피보호관찰자에 대한 준수사항의 부과 및 준수사항 전부 또는 일부의 추가·변경 또는 삭제에 관한 사항
  4. 피치료감호자에 대한 치료감호기간 만료 시 보호관찰 개시에 관한 사항
  5. 그 밖에 제1호부터 제4호까지에 관련된 사항

제41조 의결 및 결정

① 위원회는 위원장을 포함한 재적위원 과반수의 출석으로 개의하고, 출석위원 과반수의 찬성으로 의결한다. 다만, 찬성과 반대의 수가 같을 때에는 위원장이 결정한다.

제42조 위원의 기피

① 피보호자와 그 법정대리인등은 위원회의 위원에게 공정한 심사·의결을 기대하기 어려운 사정이 있으면 위원장에게 기피신청을 할 수 있다.

② 위원장은 제1항에 따른 기피신청에 대하여 위원회의 의결을 거치지 아니하고 신청이 타당한지를 결정한다. 다만, 위원장이 결정하기에 적절하지 아니한 경우에는 위원회의 의결로 결정할 수 있다.

제43조 검사의 심사신청

① 피보호자의 주거지(시설에 수용된 경우에는 그 시설을 주거지로 본다)를 관할하는 지방검찰청 또는 지청의 검사는 제37조 제3항에 규정된 사항에 관하여 위원회에 그 심사·결정을 신청할 수 있다.

③ 치료감호시설의 장이나 보호관찰소의 장은 검사에게 제1항에 따른 신청을 요청할 수 있다.

제44조 피치료감호자 등의 심사신청

① 피치료감호자와 그 법정대리인등은 피치료감호자가 치료감호를 받을 필요가 없을 정도로 치유되었음을 이유로 치료감호의 종료 여부를 심사·결정하여 줄 것을 위원회에 신청할 수 있다.

③ 제1항에 따른 신청은 치료감호의 집행이 시작된 날부터 6개월이 지난 후에 하여야 한다. 신청이 기각된 경우에는 6개월이 지난 후에 다시 신청할 수 있다.

📖 제6장의2 치료명령사건

제44조의2 선고유예 시 치료명령 등

① 법원은 치료명령대상자에 대하여 형의 선고 또는 집행을 유예하는 경우에는 치료기간을 정하여 치료를 받을 것을 명할 수 있다. 20. 보호7

② 제1항의 치료를 명하는 경우 보호관찰을 병과하여야 한다. 20. 보호7[13]

③ 제2항에 따른 보호관찰기간은 선고유예의 경우에는 1년, 집행유예의 경우에는 그 유예기간으로 한다. 다만, 법원은 집행유예 기간의 범위에서 보호관찰기간을 정할 수 있다.

④ 제1항의 치료기간은 제3항에 따른 보호관찰기간을 초과할 수 없다.

제44조의3 판결 전 조사

① 법원은 제44조의2에 따른 치료를 명하기 위하여 필요하다고 인정하면 피고인의 주거지 또는 그 법원의 소재지를 관할하는 보호관찰소의 장에게 범죄의 동기, 피고인의 신체적·심리적 특성 및 상태, 가정환경, 직업, 생활환경, 병력(病歷), 치료비용 부담능력, 재범위험성 등 피고인에 관한 사항의 조사를 요구할 수 있다.

제44조의4 전문가의 진단 등

법원은 제44조의2에 따른 치료를 명하기 위하여 필요하다고 인정하는 때에는 정신건강의학과 전문의에게 피고인의 정신적 상태, 알코올 의존도 등에 대한 진단을 요구할 수 있다.

제44조의6 치료명령의 집행

① 치료명령은 검사의 지휘를 받아 보호관찰관이 집행한다.

제44조의7 치료기관의 지정 등

① 법무부장관은 치료명령을 받은 사람의 치료를 위하여 치료기관을 지정할 수 있다.

---

13) 법원은 치료명령대상자에 대하여 형의 선고를 유예하는 경우 치료기간을 정하여 치료를 받을 것을 명할 수 있으며, 이때 보호관찰을 병과할 수 있다. (　)　　　　　　　　　　　　　　　　▶ ✕

제44조의8 선고유예의 실효 등

① 법원은 제44조의2에 따라 치료를 명한 선고유예를 받은 사람이 정당한 사유 없이 치료기간 중에 제44조의5의 준수사항을 위반하고 그 정도가 무거운 때에는 유예한 형을 선고할 수 있다.

② 법원은 제44조의2에 따라 치료를 명한 집행유예를 받은 사람이 정당한 사유 없이 치료기간 중에 제44조의5의 준수사항을 위반하고 그 정도가 무거운 때에는 집행유예의 선고를 취소할 수 있다.

제44조의9 비용부담

① 제44조의2에 따른 치료명령을 받은 사람은 치료기간 동안 치료비용을 부담하여야 한다. 다만, 치료비용을 부담할 경제력이 없는 사람의 경우에는 국가가 비용을 부담할 수 있다.

제7장 보칙

제45조 치료감호 청구의 시효

① 치료감호 청구의 시효는 치료감호가 청구된 사건과 동시에 심리하거나 심리할 수 있었던 죄에 대한 공소시효기간이 지나면 완성된다.

② 치료감호가 청구된 사건은 판결의 확정 없이 치료감호가 청구되었을 때부터 15년이 지나면 청구의 시효가 완성된 것으로 본다. 11. 교정9

제46조 치료감호의 시효

① 피치료감호자는 그 판결이 확정된 후 집행을 받지 아니하고 다음 각 호의 구분에 따른 기간이 지나면 시효가 완성되어 집행이 면제된다.

1. 제2조 제1항 제1호 및 제3호에 해당하는 자(→ 심신장애인, 정신성적 장애인)의 치료감호: 10년
2. 제2조 제1항 제2호에 해당하는 자(→ 중독된 자)의 치료감호: 7년

제47조 치료감호의 선고와 자격정지

피치료감호자는 그 치료감호의 집행이 종료되거나 면제될 때까지 다음 각 호의 자격이 정지된다.

1. 공무원이 될 자격
2. 공법상의 선거권과 피선거권
3. 법률로 요건을 정한 공법상 업무에 관한 자격

11 전자장치 부착 등에 관한 법률

📄 제1장 총칙

제1조 목적

이 법은 수사·재판·집행 등 형사사법 절차에서 전자장치를 효율적으로 활용하여 불구속재판을 확대하고, 범죄인의 사회복귀를 촉진하며, 범죄로부터 국민을 보호함을 목적으로 한다.

제2조 정의

이 법에서 사용하는 용어의 정의는 다음과 같다. <개정 2023.7.11.>
1. "특정범죄"란 성폭력범죄, 미성년자 대상 유괴범죄, 살인범죄, 강도범죄 및 스토킹범죄를 말한다. 20. 교정7★ 1)

제4조 적용 범위

만 19세 미만의 자에 대하여 부착명령을 선고한 때에는 19세에 이르기까지 이 법에 따른 전자장치를 부착할 수 없다. 21. 보호7★ 2)3)

📄 제2장 형 집행 종료 후의 전자장치 부착

제5조 전자장치 부착명령의 청구

① 검사는 다음 각 호의 어느 하나에 해당하고, 성폭력범죄를 다시 범할 위험성이 있다고 인정되는 사람에 대하여 전자장치를 부착하도록 하는 명령(이하 "부착명령"이라 한다)을 법원에 청구할 수 있다. 24. 보호9★ 4)
   1. 성폭력범죄로 징역형의 실형을 선고받은 사람이 그 집행을 종료한 후 또는 집행이 면제된 후 10년 이내에 성폭력범죄를 저지른 때
   2. 성폭력범죄로 이 법에 따른 전자장치를 부착받은 전력이 있는 사람이 다시 성폭력범죄를 저지른 때
   3. 성폭력범죄를 2회 이상 범하여(유죄의 확정판결을 받은 경우를 포함한다) 그 습벽이 인정된 때

---

1) 성폭력범죄, 미성년자 대상 유괴범죄, 살인범죄, 강도·절도범죄 및 방화범죄가 전자장치 부착 대상범죄이다. ( ) ▶ ×
2) 만 18세 미만의 자에 대하여 부착명령을 선고한 때에는 18세에 이르기까지 이 법에 따른 전자장치를 부착할 수 없다. ( ) ▶ ×
3) 19세 미만의 자에 대하여 전자장치 부착명령을 선고한 때에는 19세에 이르기 전이라도 전자장치를 부착할 수 있다. ( ) ▶ ×
4) 검사는, 19세 미만의 사람에 대하여 성폭력범죄를 저지른 때에 성폭력범죄를 다시 범할 위험성이 있다고 인정되는 사람에 대하여 전자장치를 부착하도록 하는 명령을 법원에 청구할 수 있다. ( ) ▶ ○

4. 19세 미만의 사람에 대하여 성폭력범죄를 저지른 때

5. 신체적 또는 정신적 장애가 있는 사람에 대하여 성폭력범죄를 저지른 때

② 검사는 미성년자 대상 유괴범죄를 저지른 사람으로서 미성년자 대상 유괴범죄를 <u>다시 범할 위험성</u>이 있다고 인정되는 사람에 대하여 부착명령을 법원에 <u>청구할 수 있다</u>. 다만, 유괴범죄로 징역형의 실형 이상의 형을 선고받아 그 집행이 종료 또는 면제된 후 <u>다시 유괴범죄를 저지른 경우</u>에는 부착명령을 <u>청구하여야 한다</u>. 24. 보호9★ 5)

③ 검사는 살인범죄를 저지른 사람으로서 살인범죄를 <u>다시 범할 위험성</u>이 있다고 인정되는 사람에 대하여 부착명령을 법원에 <u>청구할 수 있다</u>. 다만, 살인범죄로 징역형의 실형 이상의 형을 선고받아 그 집행이 종료 또는 면제된 후 <u>다시 살인범죄를 저지른 경우</u>에는 부착명령을 <u>청구하여야 한다</u>. 23. 교정7★ 6)

④ 검사는 다음 각 호의 어느 하나에 해당하고 <u>강도범죄를 다시 범할 위험성</u>이 있다고 인정되는 사람에 대하여 부착명령을 법원에 <u>청구할 수 있다</u>. 24. 보호9★ 7)

1. 강도범죄로 징역형의 실형을 선고받은 사람이 그 집행을 종료한 후 또는 집행이 면제된 후 <u>10년</u> 이내에 다시 강도범죄를 저지른 때

2. 강도범죄로 이 법에 따른 전자장치를 부착하였던 <u>전력</u>이 있는 사람이 다시 강도범죄를 저지른 때

3. 강도범죄를 2회 이상 범하여(유죄의 확정판결을 받은 경우를 포함) 그 <u>습벽</u>이 인정된 때

⑤ 검사는 다음 각 호의 어느 하나에 해당하고 <u>스토킹범죄를 다시 범할 위험성</u>이 있다고 인정되는 사람에 대하여 부착명령을 법원에 <u>청구할 수 있다</u>. <신설 2023.7.11.> 24. 보호9 8)

1. 스토킹범죄로 징역형의 실형을 선고받은 사람이 그 집행을 종료한 후 또는 집행이 면제된 후 <u>10년</u> 이내에 다시 스토킹범죄를 저지른 때

2. 스토킹범죄로 이 법에 따른 전자장치를 부착하였던 <u>전력</u>이 있는 사람이 다시 스토킹범죄를 저지른 때

3. 스토킹범죄를 2회 이상 범하여(유죄의 확정판결을 받은 경우를 포함한다) 그 <u>습벽</u>이 인정된 때

⑥ 제1항부터 제5항까지의 규정에 따른 부착명령의 청구는 공소가 제기된 특정범죄사건의 <u>항소심 변론종결 시까지</u> 하여야 한다. 20. 7급★ 9)

⑦ <u>법원</u>은 공소가 제기된 특정범죄사건을 심리한 결과 부착명령을 선고할 필요가 있다고 인정하는 때에는 <u>검사에게 부착명령의 청구를 요구</u>할 수 있다. 14. 보호7

⑧ 제1항부터 제5항까지의 규정에 따른 특정범죄사건에 대하여 판결의 확정 없이 <u>공소가 제기된 때부터 15년이 경과</u>한 경우에는 <u>부착명령을 청구할 수 없다</u>.

5) 검사는 미성년자 대상 모든 유괴범죄자에 대하여 전자장치 부착명령을 법원에 청구하여야 한다. ( ) ▶ ×
6) 살인범죄로 징역형의 실형 이상의 형을 선고받아 그 집행이 면제된 후 다시 살인범죄를 저지른 사람에 대해서 검사는 부착명령을 청구하여야 한다. ( ) ▶ ○
7) 검사는, 강도범죄로 「전자장치 부착 등에 관한 법률」에 따른 전자장치를 부착하였던 전력이 있는 사람이 다시 강도범죄를 저지른 때에 강도범죄를 다시 범할 위험성이 있다고 인정되는 경우 전자장치를 부착하도록 하는 명령을 법원에 청구할 수 있다. ( ) ▶ ○
8) 검사는, 스토킹범죄를 2회 이상 범하여(유죄의 확정판결을 받은 경우를 제외한다) 그 습벽이 인정된 때에 스토킹범죄를 다시 범할 위험성이 있다고 인정되는 사람에 대하여 전자장치를 부착하도록 하는 명령을 법원에 청구할 수 있다. ( ) ▶ ×
9) 전자장치 부착명령의 청구는 공소제기와 동시에 하여야 한다. ( ) ▶ ×

11 전자장치 부착 등에 관한 법률 **85**

제6조 조사

① 검사는 부착명령을 청구하기 위하여 필요하다고 인정하는 때에는 피의자의 주거지 또는 소속 검찰청(지청을 포함) 소재지를 관할하는 보호관찰소(지소를 포함한다. 이하 같다)의 장에게 범죄의 동기, 피해자와의 관계, 심리상태, 재범의 위험성 등 피의자에 관하여 필요한 사항의 조사를 요청할 수 있다. 20. 보호7 ★10)

⑤ 검사는 부착명령을 청구함에 있어서 필요한 경우에는 피의자에 대한 정신감정이나 그 밖에 전문가의 진단 등의 결과를 참고하여야 한다.

제7조 부착명령 청구사건의 관할

① 부착명령 청구사건의 관할은 부착명령 청구사건과 동시에 심리하는 특정범죄사건의 관할에 따른다.

② 부착명령 청구사건의 제1심 재판은 지방법원 합의부(지방법원지원 합의부를 포함)의 관할로 한다. 13. 교정9

제8조 부착명령 청구서의 기재사항 등

② 법원은 부착명령 청구가 있는 때에는 지체 없이 부착명령 청구서의 부본을 피부착명령청구자 또는 그의 변호인에게 송부하여야 한다. 이 경우 특정범죄사건에 대한 공소제기와 동시에 부착명령 청구가 있는 때에는 제1회 공판기일 5일 전까지, 특정범죄사건의 심리 중에 부착명령 청구가 있는 때에는 다음 공판기일 5일 전까지 송부하여야 한다. 13. 교정9

제9조 부착명령의 판결 등

① 법원은 부착명령 청구가 이유 있다고 인정하는 때에는 다음 각 호에 따른 기간의 범위 내에서 부착기간을 정하여 판결로 부착명령을 선고하여야 한다. 다만, 19세 미만의 사람에 대하여 특정범죄를 저지른 경우에는 부착기간 하한을 다음 각 호에 따른 부착기간 하한의 2배로 한다. 23. 교정7 ★11)

1. 법정형의 상한이 사형 또는 무기징역인 특정범죄: 10년 이상 30년 이하

2. 법정형 중 징역형의 하한이 3년 이상의 유기징역인 특정범죄(제1호에 해당하는 특정범죄는 제외): 3년 이상 20년 이하

3. 법정형 중 징역형의 하한이 3년 미만의 유기징역인 특정범죄(제1호 또는 제2호에 해당하는 특정범죄는 제외): 1년 이상 10년 이하

② 여러 개의 특정범죄에 대하여 동시에 부착명령을 선고할 때에는 법정형이 가장 중한 죄의 부착기간 상한의 2분의 1까지 가중하되, 각 죄의 부착기간의 상한을 합산한 기간을 초과할 수 없다. 다만, 하나의 행위가 여러 특정범죄에 해당하는 경우에는 가장 중한 죄의 부착기간을 부착기간으로 한다. 16. 교정7

③ 부착명령을 선고받은 사람은 부착기간 동안 「보호관찰 등에 관한 법률」에 따른 보호관찰을 받는다(→ 필요적 보호관찰, 예외 ×).

④ 법원은 다음 각 호의 어느 하나에 해당하는 때에는 판결로 부착명령 청구를 기각하여야 한다.

1. 부착명령 청구가 이유 없다고 인정하는 때

2. 특정범죄사건에 대하여 무죄(심신상실을 이유로 치료감호가 선고된 경우는 제외)·면소·공소기각의 판결 또는 결정을 선고하는 때

---

10) 「전자장치 부착 등에 관한 법률」 제6조에 따른 청구 전 조사는 검사가 전자장치 부착명령을 청구하기 위하여 필요하다고 인정하는 경우에 조사를 요청할 수 있는 것을 말한다. ( )　▶ ○

11) 19세 미만의 사람에 대하여 성폭력범죄를 저지른 경우에는 부착기간 상한을 법이 정한 부착기간 상한의 2배로 한다. ( ) ▶ ×

3. 특정범죄사건에 대하여 벌금형을 선고하는 때

4. 특정범죄사건에 대하여 선고유예 또는 집행유예를 선고하는 때(제28조 제1항에 따라 전자장치 부착을 명하는 때를 제외)

⑤ 부착명령 청구사건의 판결은 특정범죄사건의 판결과 동시에 선고하여야 한다.

⑦ 부착명령의 선고는 특정범죄사건의 양형에 유리하게 참작되어서는 아니 된다. 14. 교정9

제9조의2 준수사항

① 법원은 제9조 제1항에 따라 부착명령을 선고하는 경우 부착기간의 범위에서 준수기간을 정하여 다음 각 호의 준수사항 중 하나 이상을 부과할 수 있다. 다만, 제4호의 준수사항은 500시간의 범위에서 그 기간을 정하여야 한다.

1. 야간, 아동·청소년의 통학시간 등 특정 시간대의 외출제한

2. 어린이 보호구역 등 특정지역·장소에의 출입금지 및 접근금지

2의2. 주거지역의 제한

3. 피해자 등 특정인에의 접근금지

4. 특정범죄 치료 프로그램의 이수

5. 마약 등 중독성 있는 물질의 사용금지

6. 그 밖에 부착명령을 선고받는 사람의 재범방지와 성행교정을 위하여 필요한 사항

③ 제1항에도 불구하고 법원은 성폭력범죄를 저지른 사람(19세 미만의 사람을 대상으로 성폭력범죄를 저지른 사람으로 한정한다) 또는 스토킹범죄를 저지른 사람에 대해서 제9조 제1항에 따라 부착명령을 선고하는 경우에는 다음 각 호의 구분에 따라 제1항의 준수사항을 부과하여야 한다. <개정 2023.7.11.> 23. 교정7★ 12)

1. 19세 미만의 사람을 대상으로 성폭력범죄를 저지른 사람: 제1항 제1호 및 제3호의 준수사항을 포함할 것. 다만, 제1항 제1호의 준수사항을 부과하여서는 아니 될 특별한 사정이 있다고 판단하는 경우에는 해당 준수사항을 포함하지 아니할 수 있다.

2. 스토킹범죄를 저지른 사람: 제1항 제3호의 준수사항을 포함할 것

제11조 국선변호인 등

부착명령 청구사건에 관하여는 「형사소송법」 제282조(→ 필요적 변호) 및 제283조(→ 국선변호인)를 준용한다.

제12조 집행지휘

① 부착명령은 검사의 지휘를 받아 보호관찰관이 집행한다. 21. 보호7★

---

12) 19세 미만의 사람에 대하여 성폭력범죄를 저지른 사람에게 부착명령을 선고하는 경우, 법원은 어린이 보호구역 등 특정지역·장소에의 출입금지 및 접근금지를 준수사항으로 부과하여야 한다. ( ) ▶ ✕

제13조 부착명령의 집행

① 부착명령은 특정범죄사건에 대한 형의 집행이 종료되거나 면제·가석방되는 날 또는 치료감호의 집행이 종료·가종료되는 날 석방 직전에 피부착명령자의 신체에 전자장치를 부착함으로써 집행한다. 다만, 다음의 경우에는 각 호의 구분에 따라 집행한다. 18. 승진

    1. 부착명령의 원인이 된 특정범죄사건이 아닌 다른 범죄사건으로 형이나 치료감호의 집행이 계속될 경우에는 부착명령의 원인이 된 특정범죄사건이 아닌 다른 범죄사건에 대한 형의 집행이 종료되거나 면제·가석방 되는 날 또는 치료감호의 집행이 종료·가종료 되는 날부터 집행한다.

    2. 피부착명령자가 부착명령 판결 확정 시 석방된 상태이고 미결구금일수 산입 등의 사유로 이미 형의 집행이 종료된 경우에는 부착명령 판결 확정일부터 부착명령을 집행한다.

② 제1항 제2호에 따라 부착명령을 집행하는 경우 보호관찰소의 장은 피부착명령자를 소환할 수 있으며, 피부착명령자가 소환에 따르지 아니하는 때에는 관할 지방검찰청의 검사에게 신청하여 부착명령 집행장을 발부받아 구인할 수 있다.

④ 부착명령의 집행은 신체의 완전성을 해하지 아니하는 범위 내에서 이루어져야 한다. 18. 승진

⑤ 부착명령이 여러 개인 경우 확정된 순서에 따라 집행한다. 18. 승진

⑥ 다음 각 호의 어느 하나에 해당하는 때에는 부착명령의 집행이 정지된다. 20. 보호7 ★ 13)

    1. 부착명령의 집행 중 다른 죄를 범하여 구속영장의 집행을 받아 구금된 때

    2. 부착명령의 집행 중 다른 죄를 범하여 금고 이상의 형의 집행을 받게 된 때

    3. 가석방 또는 가종료된 자에 대하여 전자장치 부착기간 동안 가석방 또는 가종료가 취소되거나 실효된 때

⑦ 제6항 제1호에도 불구하고 구속영장의 집행을 받아 구금된 후에 다음 각 호의 어느 하나에 해당하는 사유로 구금이 종료되는 경우 그 구금기간 동안에는 부착명령이 집행된 것으로 본다. 다만, 제1호 및 제2호의 경우 법원의 판결에 따라 유죄로 확정된 경우는 제외한다. 18. 승진

    1. 사법경찰관이 불송치결정을 한 경우

    2. 검사가 혐의없음, 죄가안됨, 공소권없음 또는 각하의 불기소처분을 한 경우

    3. 법원의 무죄, 면소, 공소기각 판결 또는 공소기각 결정이 확정된 경우

⑧ 제6항에 따라 집행이 정지된 부착명령의 잔여기간에 대하여는 다음 각 호의 구분에 따라 집행한다.

    1. 제6항 제1호의 경우에는 구금이 해제되거나 금고 이상의 형의 집행을 받지 아니하게 확정된 때부터 그 잔여기간을 집행한다.

    2. 제6항 제2호의 경우에는 그 형의 집행이 종료되거나 면제된 후 또는 가석방된 때부터 그 잔여기간을 집행한다.

    3. 제6항 제3호의 경우에는 그 형이나 치료감호의 집행이 종료되거나 면제된 후 그 잔여기간을 집행한다.

제14조 피부착자의 의무

① 전자장치가 부착된 자(이하 "피부착자"라 한다)는 전자장치의 부착기간 중 전자장치를 신체에서 임의로 분리·손상, 전파 방해 또는 수신자료의 변조, 그 밖의 방법으로 그 효용을 해하여서는 아니 된다.

② 피부착자는 특정범죄사건에 대한 형의 집행이 종료되거나 면제·가석방되는 날부터 10일 이내에 주거지를 관할하는 보호관찰소에 출석하여 대통령령으로 정하는 신상정보 등을 서면으로 신고하여야 한다. 16. 보호7

---

13) 전자장치 부착명령의 집행 중 다른 죄를 범하여 벌금 이상의 형이 확정된 때에는 전자장치 부착명령의 집행이 정지된다. ( )
▶ ×

③ 피부착자는 <u>주거를 이전하거나 7일 이상의 국내여행을 하거나 출국할 때에는 미리 보호관찰관의 허가를 받</u>아야 한다. 23. 교정7 ★ 14)

제14조의2 부착기간의 연장 등

① 피부착자가 다음 각 호의 어느 하나에 해당하는 경우에는 법원은 보호관찰소의 장의 신청에 따른 검사의 청구로 1년의 범위에서 부착기간을 연장하거나 제9조의2 제1항의 준수사항을 추가 또는 변경하는 결정을 할 수 있다.
  1. 정당한 사유 없이 「보호관찰 등에 관한 법률」 제32조에 따른 준수사항을 위반한 경우
  2. 정당한 사유 없이 제14조 제2항을 위반하여 신고하지 아니한 경우
  3. 정당한 사유 없이 제14조 제3항을 위반하여 허가를 받지 아니하고 주거 이전·국내여행 또는 출국을 하거나, 거짓으로 허가를 받은 경우
  4. 정당한 사유 없이 제14조 제3항에 따른 출국허가 기간까지 입국하지 아니한 경우
② 제1항 각 호에 규정된 사항 외의 사정변경이 있는 경우에도 법원은 상당한 이유가 있다고 인정되면 보호관찰소의 장의 신청에 따른 검사의 청구로 제9조의2 제1항의 준수사항을 부과, 추가, 변경 또는 삭제하는 결정을 할 수 있다.

제14조의3 피부착명령자에 대한 준수사항의 부과 등

피부착명령자의 재범의 위험성에 관하여 행형(行刑) 성적 등 자료에 의해 판결 선고 당시에 예상하지 못한 새로운 사정이 소명되는 등 특별한 사정이 있는 경우 법원은 보호관찰소의 장의 신청에 따른 검사의 청구로 제9조의2 제1항의 준수사항을 부과, 추가, 변경 또는 삭제하는 결정을 할 수 있다.

제16조 수신자료의 보존·사용·폐기 등

① 보호관찰소의 장은 피부착자의 전자장치로부터 발신되는 전자파를 수신하여 그 자료(이하 "수신자료"라 한다)를 보존하여야 한다.
② 수신자료는 다음 각 호의 경우 외에는 열람·조회·제공 또는 공개할 수 없다.
  1. 피부착자의 특정범죄 혐의에 대한 수사 또는 재판자료로 사용하는 경우
  2. 보호관찰관이 지도·원호를 목적으로 사용하는 경우
  3. 「보호관찰 등에 관한 법률」 제5조에 따른 보호관찰심사위원회(이하 "심사위원회"라 한다)의 부착명령 임시해제와 그 취소에 관한 심사를 위하여 사용하는 경우
  4. 보호관찰소의 장이 피부착자의 제38조(→ 전자장치 훼손 등) 또는 제39조(→ 준수사항 위반)에 해당하는 범죄 혐의에 대한 수사를 의뢰하기 위하여 사용하는 경우
④ <u>검사 또는 사법경찰관은 수신자료를 열람 또는 조회하는 경우 관할 지방법원(보통군사법원을 포함) 또는 지원의 허가</u>를 받아야 한다. 다만, 관할 지방법원 또는 지원의 허가를 받을 수 없는 <u>긴급</u>한 사유가 있는 때에는 수신자료 <u>열람 또는 조회를 요청</u>한 후 <u>지체 없이</u> 그 <u>허가</u>를 받아 보호관찰소의 장에게 송부하여야 한다.

---

14) 전자장치가 부착된 자는 주거를 이전하거나 7일 이상의 국내여행을 하거나 출국할 때에는 미리 보호관찰관의 허가를 받아야 한다. (   )　　　　　　　　　　　　　　　　　▶ ○

제16조의3 위치추적 관제센터의 설치·운영 등

① 법무부장관은 보호관찰소의 장 및 보호관찰관이 피부착자의 위치를 확인하고 이동경로를 탐지하며, 전자장치로부터 발신되는 전자파를 수신한 자료를 보존·사용·폐기하는 업무를 지원하기 위하여 <u>위치추적 관제센터</u>를 설치하여 운영할 수 있다.

② <u>위치추적 관제센터의 장</u>은 피부착자가 제9조의2 제1항 각 호(제4호 및 제6호는 제외한다)에 따른 준수사항 또는 제14조 제1항에 따른 효용 유지 의무를 위반하거나, 위반하였다고 의심할만한 상당한 이유가 있고 피부착자에 대한 신속한 지도·감독을 위하여 긴급히 필요한 경우 <u>지방자치단체의 장</u>에게 「개인정보 보호법」 제2조 제7호에 따른 <u>고정형 영상정보처리기기</u>를 통하여 수집된 영상정보의 제공 등 협조를 요청할 수 있다.

③ 제2항에 따라 피부착자에 관한 영상정보를 제공받은 <u>위치추적 관제센터의 장</u>은 <u>영상정보의 열람이 종료</u>된 후 그 사실을 해당 <u>피부착자에게</u> 통지하여야 한다.

제17조 부착명령의 임시해제 신청 등

① <u>보호관찰소의 장 또는 피부착자 및 그 법정대리인</u>은 해당 보호관찰소를 관할하는 심사위원회에 부착명령의 임시해제를 신청할 수 있다. 19. 교정9

② 제1항의 신청은 <u>부착명령의 집행이 개시된 날부터 3개월</u>이 경과한 후에 하여야 한다. 신청이 기각된 경우에는 기각된 날부터 3개월이 경과한 후에 다시 신청할 수 있다. 21. 보호7 ★

제20조 부착명령 집행의 종료

제9조(→ 부착명령의 판결 등)에 따라 선고된 부착명령은 다음 각 호의 어느 하나에 해당하는 때에 그 <u>집행이 종료된다</u>. 11. 교정9

1. 부착명령기간이 <u>경과한</u> 때
2. 부착명령과 함께 선고한 형이 <u>사면</u>되어 그 선고의 효력을 상실하게 된 때
3. 삭제(← 부착명령기간 중 다른 죄를 범하여 금고 이상의 형의 집행을 받게 된 때)
4. 부착명령이 임시해제된 자가 그 <u>임시해제가</u> 취소됨이 없이 잔여 부착명령기간을 경과한 때

☐ 제2장의2 형 집행 종료 후의 보호관찰

제21조의2 보호관찰명령의 청구

<u>검사</u>는 다음 각 호의 어느 하나에 해당하는 사람에 대하여 형의 집행이 종료된 때부터 「보호관찰 등에 관한 법률」에 따른 <u>보호관찰을 받도록 하는</u> 명령(이하 "보호관찰명령"이라 한다)을 법원에 <u>청구할 수 있다.</u> <개정 2023.7.11.> 22. 보호7

1. 성폭력범죄를 저지른 사람으로서 <u>성폭력범죄를 다시 범할 위험성</u>이 있다고 인정되는 사람
2. 미성년자 대상 유괴범죄를 저지른 사람으로서 <u>미성년자 대상 유괴범죄를 다시 범할 위험성</u>이 있다고 인정되는 사람
3. 살인범죄를 저지른 사람으로서 <u>살인범죄를 다시 범할 위험성</u>이 있다고 인정되는 사람
4. 강도범죄를 저지른 사람으로서 <u>강도범죄를 다시 범할 위험성</u>이 있다고 인정되는 사람
5. 스토킹범죄는 저지른 사람으로서 <u>스토킹범죄를 다시 범할 위험성</u>이 인정되는 사람

제21조의3 보호관찰명령의 판결

① 법원은 제21조의2 각 호의 어느 하나에 해당하는 사람이 <u>금고 이상의 선고형</u>에 해당하고 보호관찰명령의 청구가 이유 있다고 인정하는 때에는 <u>2년 이상 5년 이하</u>의 범위에서 기간을 정하여 <u>보호관찰명령을 선고하여야 한다.</u>

② 법원은 제1항에도 불구하고 제9조 제4항 제1호(→ 부착명령 청구가 이유 없다고 인정)에 따라 <u>부착명령 청구를 기각하는 경우</u>로서 제21조의2 각 호(→ 검사가 보호관찰명령을 청구할 수 있는 경우)의 어느 하나에 해당하여 <u>보호관찰명령을 선고할 필요가 있다</u>고 인정하는 때에는 <u>직권</u>으로 제1항에 따른 기간을 정하여 보호관찰명령을 선고할 수 있다.

제21조의4 준수사항

① 법원은 제21조의3에 따라 보호관찰명령을 선고하는 경우 제9조의2 제1항 각 호의 준수사항 중 하나 이상을 부과할 수 있다. 다만, 제9조의2 제1항 제4호(→ 특정범죄 치료 프로그램의 이수)의 준수사항은 <u>300시간</u>의 범위에서 그 기간을 정하여야 한다.

② 제1항 본문에도 불구하고 법원은 <u>성폭력범죄를 저지른 사람</u>(19세 미만의 사람을 대상으로 성폭력범죄를 저지른 사람으로 한정한다) 또는 <u>스토킹범죄를 저지른 사람</u>에 대해서는 제21조의3에 따라 보호관찰명령을 선고하는 경우 제9조의2 제1항 <u>제3호</u>(→ 피해자 등 특정인에의 접근금지)를 포함하여 준수사항을 부과하여야 한다. <개정 2023.7.11.>

제21조의5 보호관찰명령의 집행

보호관찰명령은 특정범죄사건에 대한 <u>형의 집행이 종료</u>되거나 면제·가석방되는 날 또는 치료감호 집행이 종료·가종료되는 날부터 집행한다. 다만, 보호관찰명령의 원인이 된 특정범죄사건이 아닌 다른 범죄사건으로 형이나 치료감호의 집행이 계속될 경우에는 보호관찰명령의 원인이 된 특정범죄사건이 아닌 <u>다른 범죄사건</u>에 대한 형의 집행이 종료되거나 면제·가석방되는 날 또는 치료감호의 집행이 종료·가종료되는 날부터 집행한다.

제21조의6 보호관찰대상자의 의무

① 보호관찰대상자는 특정범죄사건에 대한 <u>형의 집행</u>이 종료되거나 면제·가석방되는 날부터 <u>10일</u> 이내에 주거지를 관할하는 <u>보호관찰소</u>에 출석하여 서면으로 신고하여야 한다.

② 보호관찰대상자는 <u>주거를 이전</u>하거나 <u>7일 이상의 국내여행</u>을 하거나 <u>출국</u>할 때에는 미리 <u>보호관찰관의 허가</u>를 받아야 한다.

제21조의7 보호관찰 기간의 연장 등

① 보호관찰대상자가 정당한 사유 없이 제21조의4 또는 「보호관찰 등에 관한 법률」 제32조에 따른 <u>준수사항을 위반</u>하거나 제21조의6에 따른 <u>의무를 위반</u>한 때에는 법원은 보호관찰소의 장의 신청에 따른 검사의 청구로 다음 각 호의 결정을 할 수 있다. <개정 2023.7.11>

  1. <u>1년</u>의 범위에서 <u>보호관찰 기간의 연장</u>
  2. 제21조의4에 따른 <u>준수사항의 추가 또는 변경</u>

② 제1항 각 호의 처분은 병과할 수 있다.

③ 제1항에 규정된 사항 외의 사정변경이 있는 경우에도 법원은 상당한 이유가 있다고 인정하면 보호관찰소의 장의 신청에 따른 검사의 청구로 제21조의4에 따른 준수사항을 추가, 변경 또는 삭제하는 결정을 할 수 있다.

제3장 가석방 및 가종료 등과 전자장치 부착

제22조 가석방과 전자장치 부착

① 제9조에 따른 부착명령 판결을 선고받지 아니한 특정 범죄자로서 형의 집행 중 가석방되어 보호관찰을 받게 되는 자는 준수사항 이행 여부 확인 등을 위하여 가석방기간 동안 전자장치를 부착하여야 한다. 다만, 심사위원회가 전자장치 부착이 필요하지 아니하다고 결정한 경우에는 그러하지 아니하다. 14. 교정9★

② 심사위원회는 특정범죄 이외의 범죄로 형의 집행 중 가석방되어 보호관찰을 받는 사람의 준수사항 이행 여부 확인 등을 위하여 가석방 예정자의 범죄내용, 개별적 특성 등을 고려하여 가석방 기간의 전부 또는 일부의 기간을 정하여 전자장치를 부착하게 할 수 있다.

⑤ 교도소장등은 제1항 및 제2항에 따른 가석방 예정자가 석방되기 5일 전까지 그의 주거지를 관할하는 보호관찰소의 장에게 그 사실을 통보하여야 한다.

제23조 가종료 등과 전자장치 부착

① 「치료감호 등에 관한 법률」 제37조에 따른 치료감호심의위원회(이하 "치료감호심의위원회"라 한다)는 제9조에 따른 부착명령 판결을 선고받지 아니한 특정 범죄자로서 치료감호의 집행 중 가종료 또는 치료위탁되는 피치료감호자나 보호감호의 집행 중 가출소되는 피보호감호자(이하 "가종료자등"이라 한다)에 대하여 「치료감호 등에 관한 법률」 또는 「사회보호법」(법률 제7656호로 폐지되기 전의 법률을 말한다)에 따른 준수사항 이행 여부 확인 등을 위하여 보호관찰 기간의 범위에서 기간을 정하여 전자장치를 부착하게 할 수 있다. <개정 2023.7.11.>

제24조 전자장치의 부착

① 전자장치 부착은 보호관찰관이 집행한다.

② 전자장치는 다음 각 호의 어느 하나에 해당하는 때 석방 직전에 부착한다.
1. 가석방되는 날
2. 가종료 또는 치료위탁되거나 가출소되는 날. 다만, 제23조 제1항에 따른 피치료감호자에게 치료감호와 병과된 형의 잔여 형기가 있거나 치료감호의 원인이 된 특정범죄사건이 아닌 다른 범죄사건으로 인하여 집행할 형이 있는 경우에는 해당 형의 집행이 종료 · 면제되거나 가석방되는 날 부착한다.

③ 전자장치 부착집행 중 보호관찰 준수사항 위반으로 유치허가장의 집행을 받아 유치된 때에는 부착집행이 정지된다. 이 경우 심사위원회가 보호관찰소의 장의 가석방 취소신청을 기각한 날 또는 법무부장관이 심사위원회의 허가신청을 불허한 날부터 그 잔여기간을 집행한다. 15. 교정9

제25조 부착집행의 종료

제22조(→ 가석방과 전자장치 부착) 및 제23조(→ 가종료 등과 전자장치 부착)에 따른 전자장치 부착은 다음 각 호의 어느 하나에 해당하는 때에 그 집행이 종료된다.

1. 가석방 기간이 경과하거나 가석방이 실효 또는 취소된 때
2. 가종료자등의 부착기간이 경과하거나 보호관찰이 종료된 때
3. 가석방된 형이 사면되어 형의 선고의 효력을 상실하게 된 때
4. 삭제(← 부착기간 중 다른 죄를 범하여 금고 이상의 형의 집행을 받게 된 때)

📄 제4장 형의 집행유예와 부착명령

제28조 형의 집행유예와 부착명령

① 법원은 특정범죄를 범한 자에 대하여 형의 집행을 유예하면서 보호관찰을 받을 것을 명할 때에는 보호관찰 기간의 범위 내에서 기간을 정하여 준수사항의 이행 여부 확인 등을 위하여 전자장치를 부착할 것을 명할 수 있다. <개정 2023.7.11.>

제29조 부착명령의 집행

① 부착명령은 전자장치 부착을 명하는 법원의 판결이 확정된 때부터 집행한다.

제30조 부착명령 집행의 종료

제28조(→ 형의 집행유예와 부착명령)의 부착명령은 다음 각 호의 어느 하나에 해당하는 때에 그 집행이 종료된다.

1. 부착명령기간이 경과한 때
2. 집행유예가 실효 또는 취소된 때 20. 교정[15]
3. 집행유예된 형이 사면되어 형의 선고의 효력을 상실하게 된 때
4. 삭제

📄 제5장 보석과 전자장치 부착

제31조의2 보석과 전자장치 부착

① 법원은 「형사소송법」 제98조 제9호에 따른 보석조건으로 피고인에게 전자장치 부착을 명할 수 있다.
② 법원은 제1항에 따른 전자장치 부착을 명하기 위하여 필요하다고 인정하면 그 법원의 소재지 또는 피고인의 주거지를 관할하는 보호관찰소의 장에게 피고인의 직업, 경제력, 가족상황, 주거상태, 생활환경 및 피해회복 여부 등 피고인에 관한 사항의 조사를 의뢰할 수 있다.

제31조의3 전자장치 부착의 집행

② 제31조의2 제1항에 따라 전자장치 부착명령을 받고 석방된 피고인은 법원이 지정한 일시까지 주거지를 관할하는 보호관찰소에 출석하여 신고한 후 보호관찰관의 지시에 따라 전자장치를 부착하여야 한다.

---

15) 법원이 특정범죄를 범한 자에 대하여 형의 집행을 유예하고 보호관찰을 받을 것을 명하면서 전자장치를 부착할 것을 명한 경우 이 부착명령은 집행유예가 실효되면 그 집행이 종료된다. ( ) ▶ ○

제31조의4 보석조건 이행 상황 등 통지

① 보호관찰소의 장은 제31조의2 제1항에 따른 피고인의 보석조건 이행 상황을 법원에 정기적으로 통지하여야 한다.

② 보호관찰소의 장은 피고인이 제31조의2 제1항에 따른 전자장치 부착명령을 위반한 경우 및 전자장치 부착을 통하여 피고인에게 부과된 주거의 제한 등 「형사소송법」에 따른 다른 보석조건을 위반하였음을 확인한 경우 지체 없이 법원과 검사에게 이를 통지하여야 한다.

제31조의5 전자장치 부착의 종료

제31조의2 제1항에 따른 전자장치의 부착은 다음 각 호의 어느 하나에 해당하는 경우에 그 집행이 종료된다.

1. 구속영장의 효력이 소멸한 경우
2. 보석이 취소된 경우
3. 「형사소송법」 제102조에 따라 보석조건이 변경되어 전자장치를 부착할 필요가 없게 되는 경우

🗂 제5장의2 스토킹행위자에 대한 전자장치 부착

제31조의6 전자장치 부착의 집행

① 법원은 「스토킹범죄의 처벌 등에 관한 법률」 제9조 제1항 제3호의2에 따른 잠정조치(이하 이 장에서 "잠정조치"라 한다)로 전자장치의 부착을 결정한 경우 그 결정문의 등본을 스토킹행위자의 사건 수사를 관할하는 경찰관서(이하 이 장에서 "관할경찰관서"라 한다)의 장과 스토킹행위자의 주거지를 관할하는 보호관찰소(이하 이 장에서 "보호관찰소"라 한다)의 장에게 지체 없이 송부하여야 한다.

[본조신설 2023.7.11.]

제31조의7 전자장치 부착의 종료

제31조의6에 따른 전자장치 부착은 다음 각 호의 어느 하나에 해당하는 때에 그 집행이 종료된다.

1. 잠정조치의 기간이 경과한 때
2. 잠정조치가 변경 또는 취소된 때
3. 잠정조치가 효력을 상실한 때

[본조신설 2023.7.11.]

제31조의8 스토킹행위자 수신자료의 보존·사용·폐기 등

① 보호관찰소의 장은 제31조의6 제2항에 따라 전자장치를 부착한 스토킹행위자의 전자장치로부터 발신되는 전자파를 수신하여 그 자료(이하 "스토킹행위자 수신자료"라 한다)를 보존하여야 한다.

[본조신설 2023.7.11.]

제6장 보칙

제32조 전자장치 부착기간의 계산

① 전자장치 부착기간은 이를 집행한 날부터 기산하되, 초일은 시간을 계산함이 없이 1일로 산정한다. 20. 교정7[16]

② 다음 각 호의 어느 하나에 해당하는 기간은 전자장치 부착기간에 산입하지 아니한다. 다만, 보호관찰이 부과된 사람의 전자장치 부착기간은 보호관찰 기간을 초과할 수 없다.

1. 피부착자가 제14조 제1항을 위반하여 전자장치를 신체로부터 분리하거나 손상하는 등 그 효용을 해한 기간

2. 피부착자의 치료, 출국 또는 그 밖의 적법한 사유로 전자장치가 신체로부터 일시적으로 분리된 후 해당 분리사유가 해소된 날부터 정당한 사유 없이 전자장치를 부착하지 아니한 기간

제32조의2 부착명령 등 집행전담 보호관찰관의 지정

보호관찰소의 장은 소속 보호관찰관 중에서 다음 각 호의 사항을 전담하는 보호관찰관을 지정하여야 한다. 다만, 보호관찰소의 장은 19세 미만의 사람에 대해서 성폭력범죄를 저지른 피부착자 중 재범의 위험성이 현저히 높은 사람에 대해서는 일정기간 그 피부착자 1명만을 전담하는 보호관찰관을 지정하여야 한다.

1. 부착명령 및 보호관찰명령을 청구하기 위하여 필요한 피의자에 대한 조사

2. 부착명령 및 보호관찰명령의 집행

3. 피부착자 및 보호관찰대상자의 재범방지와 건전한 사회복귀를 위한 치료 등 필요한 조치의 부과

4. 그 밖에 피부착자 및 보호관찰대상자의 「보호관찰 등에 관한 법률」 등에 따른 준수사항 이행 여부 확인 등 피부착자 및 보호관찰대상자에 대한 지도·감독 및 원호

제33조 전자장치 부착 임시해제의 의제

보호관찰이 임시해제된 경우에는 전자장치 부착이 임시해제된 것으로 본다.

제33조의2 범죄경력자료 등의 조회 요청

① 법무부장관은 이 법에 따른 부착명령 또는 보호관찰명령의 집행이 종료된 사람의 재범 여부를 조사하고 부착명령 또는 보호관찰명령의 효과를 평가하기 위하여 필요한 경우에는 그 집행이 종료된 때부터 5년 동안 관계 기관에 그 사람에 관한 범죄경력자료와 수사경력자료에 대한 조회를 요청할 수 있다.

제7장 벌칙

제38조 벌칙

① 피부착자가 제14조 제1항(제27조 및 제31조에 따라 준용되는 경우를 포함한다)을 위반하여 전자장치의 부착기간 중 전자장치를 신체에서 임의로 분리·손상, 전파 방해 또는 수신자료의 변조, 그 밖의 방법으로 그 효용을 해한 때에는 7년 이하의 징역 또는 2천만 원 이하의 벌금에 처한다. 10. 교정9

② 제1항의 미수범은 처벌한다.

---

16) 전자장치 부착기간은 이를 집행한 날부터 기산하되, 초일은 산입하지 아니한다. ( )　　　　　　　　▶ ×

12 성폭력범죄자의 성충동 약물치료에 관한 법률

📋 제1장 총칙

제1조 목적

이 법은 사람에 대하여 성폭력범죄를 저지른 성도착증 환자로서 성폭력범죄를 다시 범할 위험성이 있다고 인정되는 사람에 대하여 성충동 약물치료를 실시하여 성폭력범죄의 재범을 방지하고 사회복귀를 촉진하는 것을 목적으로 한다.

제2조 정의

이 법에서 사용하는 용어의 뜻은 다음과 같다.

1. "성도착증 환자"란 「치료감호 등에 관한 법률」 제2조 제1항 제3호에 해당하는 사람(→ 정신성적 장애인)및 정신건강의학과 전문의의 감정에 의하여 성적 이상 습벽으로 인하여 자신의 행위를 스스로 통제할 수 없다고 판명된 사람을 말한다.
3. "성충동 약물치료"(이하 "약물치료"라 한다)란 비정상적인 성적 충동이나 욕구를 억제하기 위한 조치로서 성도착증 환자에게 약물 투여 및 심리치료 등의 방법으로 도착적인 성기능을 일정기간 동안 약화 또는 정상화하는 치료를 말한다. 13. 교정9

제3조 약물치료의 요건

약물치료는 다음 각 호의 요건을 모두 갖추어야 한다.

1. 비정상적 성적 충동이나 욕구를 억제하거나 완화하기 위한 것으로서 의학적으로 알려진 것일 것
2. 과도한 신체적 부작용을 초래하지 아니할 것
3. 의학적으로 알려진 방법대로 시행될 것

📋 제2장 약물치료명령의 청구 및 판결

제4조 치료명령의 청구

① 검사는 사람에 대하여 성폭력범죄를 저지른 성도착증 환자로서 성폭력범죄를 다시 범할 위험성이 있다고 인정되는 19세 이상의 사람에 대하여 약물치료명령(이하 "치료명령"이라고 한다)을 법원에 청구할 수 있다. 22. 보호7★ 1)

---

1) 성충동 약물치료명령의 대상은 사람에 대하여 성폭력범죄를 저지른 성도착증 환자로서, 성폭력범죄를 다시 범할 위험성이 있다고 인정되는 19세 이상의 사람이다. ( )　　▶ ○

② 검사는 치료명령 청구대상자(이하 "치료명령 피청구자"라 한다)에 대하여 <u>정신건강의학과 전문의의 진단이나 감정을 받은 후</u> 치료명령을 청구하여야 한다. 22. 보호7[2)]

③ 제1항에 따른 치료명령의 청구는 공소가 제기되거나 치료감호가 독립청구된 성폭력범죄사건(이하 "피고사건"이라 한다)의 <u>항소심 변론종결 시</u>까지 하여야 한다.

④ 법원은 피고사건의 심리결과 치료명령을 할 필요가 있다고 인정하는 때에는 <u>검사에게 치료명령의 청구를 요구할 수 있다.</u>

⑤ 피고사건에 대하여 판결의 확정 없이 <u>공소가 제기되거나 치료감호가 독립청구된 때부터 15년</u>이 지나면 치료명령을 청구할 수 없다.

제5조 조사

① <u>검사</u>는 치료명령을 청구하기 위하여 필요하다고 인정하는 때에는 치료명령 피청구자의 주거지 또는 소속 검찰청(지청을 포함한다. 이하 같다) 소재지를 관할하는 <u>보호관찰소</u>(지소를 포함한다. 이하 같다)의 장에게 범죄의 동기, 피해자와의 관계, 심리상태, 재범의 위험성 등 치료명령 피청구자에 관하여 필요한 사항의 조사를 요청할 수 있다.

제6조 치료명령 청구사건의 관할

① 치료명령 청구사건의 관할은 치료명령 청구사건과 동시에 심리하는 피고사건의 관할에 따른다.

② 치료명령 청구사건의 제1심 재판은 <u>지방법원 합의부</u>(지방법원지원 합의부를 포함한다. 이하 같다)의 관할로 한다.

제8조 치료명령의 판결 등

① 법원은 치료명령 청구가 이유 있다고 인정하는 때에는 <u>15년의 범위</u>에서 치료기간을 정하여 판결로 치료명령을 선고하여야 한다. 22. 보호7★[3)]

② 치료명령을 선고받은 사람(이하 "치료명령을 받은 사람"이라 한다)은 <u>치료기간 동안</u> 「보호관찰 등에 관한 법률」에 따른 <u>보호관찰</u>을 받는다.

③ 법원은 다음 각 호의 어느 하나에 해당하는 때에는 판결로 치료명령 청구를 <u>기각</u>하여야 한다.

1. 치료명령 청구가 <u>이유 없다고</u> 인정하는 때
2. 피고사건에 대하여 <u>무죄(심신상실을 이유로 치료감호가 선고된 경우는 제외)·면소·공소기각</u>의 판결 또는 결정을 선고하는 때
3. 피고사건에 대하여 <u>벌금형</u>을 선고하는 때
4. 피고사건에 대하여 <u>선고를 유예</u>하거나 <u>집행유예</u>를 선고하는 때

④ 치료명령 청구사건의 판결은 피고사건의 판결과 동시에 선고하여야 한다.

⑥ 치료명령의 선고는 피고사건의 양형에 유리하게 참작되어서는 아니 된다.

---

2) 성충동 약물치료명령 청구는 검사가 하며, 성충동 약물치료명령 청구대상자에 대하여 정신건강의학과 전문의의 진단이나 감정을 받은 후 치료명령을 청구하여야 한다. (   ) ▶ ○

3) 법원은 성충동 약물치료명령 청구가 이유 있다고 인정하는 때에는 15년의 범위에서 치료기간을 정하여 판결로 치료명령을 선고하여야 한다. (   ) ▶ ○

제8조의2 치료명령의 집행 면제 신청 등

① 징역형과 함께 치료명령을 받은 사람 및 그 법정대리인은 주거지 또는 현재지를 관할하는 지방법원(지원을 포함한다. 이하 같다)에 치료명령이 집행될 필요가 없을 정도로 개선되어 성폭력범죄를 다시 범할 위험성이 없음을 이유로 치료명령의 집행 면제를 신청할 수 있다. 다만, 징역형과 함께 치료명령을 받은 사람이 치료감호의 집행 중인 경우에는 치료명령의 집행 면제를 신청할 수 없다. 22. 보호74)

② 제1항 본문에 따른 신청은 치료명령의 원인이 된 범죄에 대한 징역형의 집행이 종료되기 전 12개월부터 9개월까지의 기간에 하여야 한다. 다만, 치료명령의 원인이 된 범죄가 아닌 다른 범죄를 범하여 징역형의 집행이 종료되지 아니한 경우에는 그 징역형의 집행이 종료되기 전 12개월부터 9개월까지의 기간에 하여야 한다.

④ 법원은 제1항 본문의 신청을 받은 경우 징역형의 집행이 종료되기 3개월 전까지 치료명령의 집행 면제 여부를 결정하여야 한다.

⑤ 법원은 제4항에 따른 결정을 하기 위하여 필요한 경우에는 그 법원의 소재지를 관할하는 보호관찰소의 장에게 치료명령을 받은 사람의 교정성적, 심리상태, 재범의 위험성 등 필요한 사항의 조사를 요청할 수 있다. 이 경우 조사에 관하여는 제5조를 준용하며, "검사"는 "법원"으로 본다.

⑥ 법원은 제4항에 따른 결정을 하기 위하여 필요한 때에는 치료명령을 받은 사람에 대하여 정신건강의학과 전문의의 진단이나 감정을 받게 할 수 있다.

제8조의3 치료감호심의위원회의 치료명령 집행 면제 등

① 「치료감호 등에 관한 법률」 제37조에 따른 치료감호심의위원회(이하 "치료감호심의위원회"라 한다)는 같은 법 제16조 제1항에 따른 피치료감호자 중 치료명령을 받은 사람(피치료감호자 중 징역형과 함께 치료명령을 받은 사람의 경우 형기가 남아 있지 아니하거나 9개월 미만의 기간이 남아 있는 사람에 한정한다)에 대하여 같은 법 제22조 또는 제23조에 따른 치료감호의 종료·가종료 또는 치료위탁 결정을 하는 경우에 치료명령의 집행이 필요하지 아니하다고 인정되면 치료명령의 집행을 면제하는 결정을 하여야 한다.

제8조의4 치료명령의 집행 면제 결정 통지

법원 또는 치료감호심의위원회는 제8조의2 제4항 또는 제8조의3 제1항에 따라 치료명령의 집행 면제에 관한 결정을 한 때에는 지체 없이 신청인 또는 피치료감호자, 신청인 또는 피치료감호자의 주거지를 관할하는 보호관찰소의 장, 교도소·구치소 또는 치료감호시설의 장에게 결정문 등본을 송부하여야 한다.

제9조 전문가의 감정 등

법원은 제4조 제2항에 따른 정신건강의학과 전문의의 진단 또는 감정의견만으로 치료명령 피청구자의 성도착증 여부를 판단하기 어려울 때에는 다른 정신건강의학과 전문의에게 다시 진단 또는 감정을 명할 수 있다. 14. 교정7

---

4) 징역형과 함께 성충동 약물치료명령을 받은 사람이 치료감호의 집행 중인 경우, 치료명령 대상자 및 그 법정대리인은 치료명령이 집행될 필요가 없을 정도로 개선되어 성폭력범죄를 다시 범할 위험성이 없음을 이유로, 주거지 또는 현재지를 관할하는 지방법원에 치료명령의 집행 면제를 신청할 수 있다. (   ) ▶ ×

제10조 준수사항

① 치료명령을 받은 사람은 치료기간 동안 「보호관찰 등에 관한 법률」 제32조 제2항 각 호[제4호(→ 주거 이전, 1개월 이상 국내외 여행할 때 미리 보호관찰관에게 신고)는 제외한다]의 준수사항(→ 일반준수사항)과 다음 각 호의 준수사항을 이행하여야 한다.

　1. 보호관찰관의 지시에 따라 성실히 약물치료에 응할 것

　2. 보호관찰관의 지시에 따라 정기적으로 호르몬 수치 검사를 받을 것

　3. 보호관찰관의 지시에 따라 인지행동 치료 등 심리치료 프로그램을 성실히 이수할 것

② 법원은 제8조 제1항에 따라 치료명령을 선고하는 경우 「보호관찰 등에 관한 법률」 제32조 제3항 각 호의 준수사항(→ 특별준수사항)을 부과할 수 있다.

제12조 국선변호인 등

치료명령 청구사건에 관하여는 「형사소송법」 제282조(→ 필요적 변호) 및 제283조(→ 국선변호인)를 준용한다.

🗔 제3장 치료명령의 집행

제13조 집행지휘

① 치료명령은 검사의 지휘를 받아 보호관찰관이 집행한다.　24. 보호9★ 5)

제14조 치료명령의 집행

① 치료명령은 「의료법」에 따른 의사의 진단과 처방에 의한 약물 투여, 「정신건강증진 및 정신질환자 복지서비스 지원에 관한 법률」에 따른 정신보건전문요원 등 전문가에 의한 인지행동 치료 등 심리치료 프로그램의 실시 등의 방법으로 집행한다.

③ 치료명령을 받은 사람이 형의 집행이 종료되거나 면제·가석방 또는 치료감호의 집행이 종료·가종료 또는 치료위탁으로 석방되는 경우 보호관찰관은 석방되기 전 2개월 이내에 치료명령을 받은 사람에게 치료명령을 집행하여야 한다.　24. 보호9★ 6)

④ 다음 각 호의 어느 하나에 해당하는 때에는 치료명령의 집행이 정지된다.　24. 보호9★

　1. 치료명령의 집행 중 구속영장의 집행을 받아 구금된 때

　2. 치료명령의 집행 중 금고 이상의 형의 집행을 받게 된 때

　3. 가석방 또는 가종료·가출소된 자에 대하여 치료기간 동안 가석방 또는 가종료·가출소가 취소되거나 실효된 때

---

5) 「성폭력범죄자의 성충동 약물치료에 관한 법률」상 치료명령은 범죄예방정책국장의 지휘를 받아 보호관찰관이 집행한다. (　)
　▶ ✕

6) 「성폭력범죄자의 성충동 약물치료에 관한 법률」상 치료명령을 받은 사람이 형의 집행이 종료되거나 면제·가석방 또는 치료감호의 집행이 종료·가종료 또는 치료위탁으로 석방되는 경우, 보호관찰관은 석방되기 전 2개월 이내에 치료명령을 받은 사람에게 치료명령을 집행하여야 한다. (　)
　▶ ○

⑤ 제4항에 따라 집행이 정지된 <u>치료명령의 잔여기간</u>에 대하여는 다음 각 호의 구분에 따라 집행한다. 24. 보호9[7]

1. 제4항 제1호의 경우에는 <u>구금이 해제되거나 금고 이상의 형의 집행을 받지 아니하는 것으로 확정된 때부터</u> 그 잔여기간을 집행한다.

2. 제4항 제2호의 경우에는 그 형의 집행이 종료되거나 면제된 후 또는 가석방된 때부터 그 잔여기간을 집행한다.

3. 제4항 제3호의 경우에는 그 형이나 치료감호 또는 보호감호의 집행이 종료되거나 면제된 후 그 잔여기간을 집행한다.

제15조 치료명령을 받은 사람의 의무

① 치료명령을 받은 사람은 치료기간 중 상쇄약물의 투약 등의 방법으로 치료의 효과를 해하여서는 아니 된다. 14. 교정7

② 치료명령을 받은 사람은 형의 집행이 종료되거나 면제·가석방 또는 치료감호의 집행이 종료·가종료 또는 치료위탁되는 날부터 <u>10일 이내</u>에 주거지를 관할하는 <u>보호관찰소에 출석</u>하여 <u>서면으로 신고</u>하여야 한다. 21. 교정9[8]

③ 치료명령을 받은 사람은 <u>주거 이전</u> 또는 <u>7일 이상의 국내여행</u>을 하거나 <u>출국</u>할 때에는 <u>미리 보호관찰관의 허가</u>를 받아야 한다. 24. 보호9★ [9]

제16조 치료기간의 연장 등

① 치료 경과 등에 비추어 치료명령을 받은 사람에 대한 약물치료를 계속 하여야 할 상당한 이유가 있거나 다음 각 호의 어느 하나에 해당하는 사유가 있으면 법원은 <u>보호관찰소의 장의 신청에 따른 검사의 청구로</u> 치료기간을 결정으로 연장할 수 있다. 다만, <u>종전의 치료기간을 합산하여 15년을 초과할 수 없다</u>. 21. 교정9[10]

1. 정당한 사유 없이 「보호관찰 등에 관한 법률」 제32조 제2항(제4호는 제외한다) 또는 제3항에 따른 준수사항을 위반한 경우

2. 정당한 사유 없이 제15조 제2항을 위반하여 신고하지 아니한 경우

3. 거짓으로 제15조 제3항의 허가를 받거나, 정당한 사유 없이 제15조 제3항을 위반하여 허가를 받지 아니하고 주거 이전, 국내여행 또는 출국을 하거나 허가기간 내에 귀국하지 아니한 경우

제17조 치료명령의 임시해제 신청 등

① 보호관찰소의 장 또는 치료명령을 받은 사람 및 그 법정대리인은 해당 보호관찰소를 관할하는 「보호관찰 등에 관한 법률」 제5조에 따른 <u>보호관찰 심사위원회</u>(이하 "심사위원회"라 한다)에 치료명령의 임시해제를 신청할 수 있다.

---

7) 「성폭력범죄자의 성충동 약물치료에 관한 법률」상 치료명령의 집행 중 구속영장의 집행을 받아 구금된 때에는 치료명령의 집행이 정지되며, 이 경우 구금이 해제되거나 금고 이상의 형의 집행을 받지 아니하는 것으로 확정된 때부터 그 잔여기간을 집행한다. ( )　▶ ○

8) 치료명령을 받은 사람은 형의 집행이 종료되거나 면제·가석방 또는 치료감호의 집행이 종료·가종료 또는 치료위탁되는 날부터 7일 이내에 주거지를 관할하는 보호관찰소에 출석하여 서면으로 신고하여야 한다. ( )　▶ ×

9) 「성폭력범죄자의 성충동 약물치료에 관한 법률」상 치료명령을 받은 사람은 주거 이전 또는 7일 이상 국내여행을 하거나 출국할 때에는 미리 보호관찰관의 허가를 받아야 한다. ( )　▶ ○

10) 치료기간은 연장될 수 있지만, 종전의 치료기간을 합산하여 15년을 초과할 수 없다. ( )　▶ ○

② 제1항의 신청은 치료명령의 집행이 개시된 날부터 6개월이 지난 후에 하여야 한다. 신청이 기각된 경우에는 기각된 날부터 6개월이 지난 후에 다시 신청할 수 있다. 14. 교정9

제20조 치료명령 집행의 종료

제8조 제1항에 따라 선고된 치료명령은 다음 각 호의 어느 하나에 해당하는 때에 그 집행이 종료된다.

1. 치료기간이 지난 때
2. 치료명령과 함께 선고한 형이 사면되어 그 선고의 효력을 상실하게 된 때
3. 치료명령이 임시해제된 사람이 그 임시해제가 취소됨이 없이 잔여 치료기간을 지난 때

제21조 치료명령의 시효

① 치료명령을 받은 사람은 그 판결이 확정된 후 집행을 받지 아니하고 함께 선고된 피고사건의 형의 시효 또는 치료감호의 시효가 완성되면 그 집행이 면제된다.
② 치료명령의 시효는 치료명령을 받은 사람을 체포함으로써 중단된다. 14. 교정9

🗀 제4장 수형자·가종료자 등에 대한 치료명령

제22조 성폭력 수형자에 대한 치료명령 청구

① 검사는 사람에 대하여 성폭력범죄를 저질러 징역형 이상의 형이 확정되었으나 제8조 제1항에 따른 치료명령이 선고되지 아니한 수형자(이하 "성폭력 수형자"라 한다) 중 성도착증 환자로서 성폭력범죄를 다시 범할 위험성이 있다고 인정되고 약물치료를 받는 것을 동의하는 사람에 대하여 그의 주거지 또는 현재지를 관할하는 지방법원에 치료명령을 청구할 수 있다.
② 제1항의 수형자에 대한 치료명령의 절차는 다음 각 호에 따른다.
  1. 교도소·구치소(이하 "수용시설"이라 한다)의 장은 「형법」 제72조 제1항의 가석방 요건을 갖춘 성폭력 수형자에 대하여 약물치료의 내용, 방법, 절차, 효과, 부작용, 비용부담 등에 관하여 충분히 설명하고 동의 여부를 확인하여야 한다. 22. 교정7[11]
  2. 제1호의 성폭력 수형자가 약물치료에 동의한 경우 수용시설의 장은 지체 없이 수용시설의 소재지를 관할하는 지방검찰청의 검사에게 인적사항과 교정성적 등 필요한 사항을 통보하여야 한다. 22. 교정7
  3. 검사는 소속 검찰청 소재지 또는 성폭력 수형자의 주소를 관할하는 보호관찰소의 장에게 성폭력 수형자에 대하여 제5조 제1항에 따른 조사를 요청할 수 있다. 22. 교정7[12]
  4. 보호관찰소의 장은 제3호의 요청을 접수한 날부터 2개월 이내에 제5조 제3항의 조사보고서를 제출하여야 한다.

---

11) 「성폭력범죄자의 성충동 약물치료에 관한 법률」상 교도소·구치소의 장은 가석방 요건을 갖춘 성폭력 수형자에 대하여 약물치료의 내용, 방법, 절차, 효과, 부작용, 비용부담 등에 관하여 충분히 설명하고 동의 여부를 확인하여야 한다. ( ) ▶ ○
12) 「성폭력범죄자의 성충동 약물치료에 관한 법률」상 검사는 성폭력 수형자의 주거지 또는 소속 검찰청 소재지를 관할하는 교도소·구치소의 장에게 범죄의 동기 등 성폭력 수형자에 관하여 필요한 사항의 조사를 요청할 수 있다. ( ) ▶ ✕

5. 검사는 성폭력 수형자에 대하여 약물치료의 내용, 방법, 절차, 효과, 부작용, 비용부담 등에 관하여 설명하고 동의를 확인한 후 정신건강의학과 전문의의 진단이나 감정을 받아 법원에 치료명령을 청구할 수 있다. 이 때 검사는 치료명령 청구서에 제7조 제1항 각 호의 사항 외에 치료명령 피청구자의 동의사실을 기재하여야 한다.

6. 법원은 제5호의 치료명령 청구가 이유 있다고 인정하는 때에는 결정으로 치료명령을 고지하고 치료명령을 받은 사람에게 준수사항 기재서면을 송부하여야 한다.

③ 제2항 제6호의 결정(→ 치료명령결정)에 따른 치료기간은 15년을 초과할 수 없다.

⑫ 수용시설의 장은 성폭력 수형자가 석방되기 5일 전까지 그의 주소를 관할하는 보호관찰소의 장에게 그 사실을 통보하여야 한다.

⑬ 제2항 제6호에 따라 고지된 치료명령은 성폭력 수형자에게 선고된 제1항의 징역형 이상의 형이 사면되어 그 선고의 효력을 상실하게 된 때에 그 집행이 종료된다.

⑭ 치료명령을 받은 사람은 치료명령 결정이 확정된 후 집행을 받지 아니하고 10년이 경과하면 시효가 완성되어 집행이 면제된다. 18. 교정7

제23조 가석방

① 수용시설의 장은 제22조 제2항 제6호의 결정(→ 치료명령결정)이 확정된 성폭력 수형자에 대하여 법무부령으로 정하는 바에 따라 「형의 집행 및 수용자의 처우에 관한 법률」 제119조의 가석방심사위원회에 가석방 적격심사를 신청하여야 한다. 22. 교정7[13]

② 가석방심사위원회는 성폭력 수형자의 가석방 적격심사를 할 때에는 치료명령이 결정된 사실을 고려하여야 한다. 18. 교정7 ★

제24조 비용부담

① 제22조 제2항 제6호의 치료명령의 결정을 받은 사람은 치료기간 동안 치료비용을 부담하여야 한다. 다만, 치료비용을 부담할 경제력이 없는 사람의 경우에는 국가가 비용을 부담할 수 있다. 18. 교정7 ★

제25조 가종료 등과 치료명령

① 「치료감호 등에 관한 법률」 제37조에 따른 치료감호심의위원회(이하 "치료감호심의위원회"라 한다)는 성폭력 범죄자 중 성도착증 환자로서 치료감호의 집행 중 가종료 또는 치료위탁되는 피치료감호자나 보호감호의 집행 중 가출소되는 피보호감호자(이하 "가종료자 등"이라 한다)에 대하여 보호관찰 기간의 범위에서 치료명령을 부과할 수 있다.

제26조 준수사항

치료감호심의위원회는 제25조에 따른 치료명령을 부과하는 경우 치료기간의 범위에서 준수기간을 정하여 「보호관찰 등에 관한 법률」 제32조 제3항 각 호의 준수사항(→ 특별준수사항) 중 하나 이상을 부과할 수 있다.

---

13) 「성폭력범죄자의 성충동 약물치료에 관한 법률」상 수용시설의 장은 법원의 치료명령 결정이 확정된 성폭력 수형자에 대하여 가석방심사위원회에 가석방 적격심사를 신청하여야 한다. ( )　　　　　▶ ○

제27조 치료명령의 집행

보호관찰관은 가종료자 등이 <u>가종료·치료위탁 또는 가출소 되기 전 2개월 이내</u>에 치료명령을 집행하여야 한다. 다만, 치료감호와 형이 병과된 가종료자의 경우 집행할 잔여 형기가 있는 때에는 그 형의 집행이 종료되거나 면제되어 석방되기 전 2개월 이내에 치료명령을 집행하여야 한다.

제28조 치료명령 집행의 종료

제25조에 따른 약물치료는 다음 각 호의 어느 하나에 해당하는 때에 그 집행이 종료된다.
1. 치료기간이 지난 때
2. 가출소·가종료·치료위탁으로 인한 보호관찰 기간이 경과하거나 보호관찰이 종료된 때

🗂 제5장 보칙

제30조 치료기간의 계산

치료기간은 <u>최초로 성 호르몬 조절약물을 투여한 날</u> 또는 제14조 제1항에 따른 <u>심리치료 프로그램의 실시를 시작한 날부터 기산</u>하되, 초일은 시간을 계산함이 없이 1일로 산정한다. 18. 승진

제32조 수용시설의 장 등의 협조

제14조 제3항 및 제27조에 따른 <u>보호관찰관의 치료명령 집행</u>에 수용시설의 장, 치료감호시설의 장, 보호감호시설의 장은 <u>약물의 제공, 의사·간호사 등 의료인력 지원</u> 등의 협조를 하여야 한다. 18. 승진

13 그 밖의 보안처분 관련법령

☐ 「성폭력범죄의 처벌 등에 관한 특례법」

제16조 형벌과 수강명령 등의 병과

① 법원이 성폭력범죄를 범한 사람에 대하여 형의 선고를 유예하는 경우에는 1년 동안 보호관찰을 받을 것을 명할 수 있다. 다만, 성폭력범죄를 범한 「소년법」 제2조에 따른 소년에 대하여 형의 선고를 유예하는 경우에는 반드시 보호관찰을 명하여야 한다.

② 법원이 성폭력범죄를 범한 사람에 대하여 유죄판결(선고유예는 제외한다)을 선고하거나 약식명령을 고지하는 경우에는 500시간의 범위에서 재범예방에 필요한 수강명령 또는 성폭력 치료프로그램의 이수명령(이하 "이수명령"이라 한다)을 병과하여야 한다. 다만, 수강명령 또는 이수명령을 부과할 수 없는 특별한 사정이 있는 경우에는 그러하지 아니하다.

③ 성폭력범죄를 범한 자에 대하여 제2항의 수강명령은 형의 집행을 유예할 경우에 그 집행유예기간 내에서 병과하고, 이수명령은 벌금 이상의 형을 선고하거나 약식명령을 고지할 경우에 병과한다. 다만, 이수명령은 성폭력범죄자가 「전자장치 부착 등에 관한 법률」 제9조의2 제1항 제4호에 따른 이수명령을 부과받은 경우에는 병과하지 아니한다.

④ 법원이 성폭력범죄를 범한 사람에 대하여 형의 집행을 유예하는 경우에는 제2항에 따른 수강명령 외에 그 집행유예기간 내에서 보호관찰 또는 사회봉사 중 하나 이상의 처분을 병과할 수 있다.

⑧ 성폭력범죄를 범한 사람으로서 형의 집행 중에 가석방된 사람은 가석방기간 동안 보호관찰을 받는다. 다만, 가석방을 허가한 행정관청이 보호관찰을 할 필요가 없다고 인정한 경우에는 그러하지 아니하다.

제26조 성폭력범죄의 피해자에 대한 전담조사제

① 검찰총장은 각 지방검찰청 검사장으로 하여금 성폭력범죄 전담 검사를 지정하도록 하여 특별한 사정이 없으면 이들로 하여금 피해자를 조사하게 하여야 한다.

② 경찰청장은 각 경찰서장으로 하여금 성폭력범죄 전담 사법경찰관을 지정하도록 하여 특별한 사정이 없으면 이들로 하여금 피해자를 조사하게 하여야 한다.

제27조 성폭력범죄 피해자에 대한 변호사 선임의 특례

① 성폭력범죄의 피해자 및 그 법정대리인(이하 "피해자등"이라 한다)은 형사절차상 입을 수 있는 피해를 방어하고 법률적 조력을 보장하기 위하여 변호사를 선임할 수 있다.

② 제1항에 따른 변호사는 검사 또는 사법경찰관의 피해자등에 대한 조사에 참여하여 의견을 진술할 수 있다. 다만, 조사 도중에는 검사 또는 사법경찰관의 승인을 받아 의견을 진술할 수 있다.

③ 제1항에 따른 변호사는 피의자에 대한 구속 전 피의자심문, 증거보전절차, 공판준비기일 및 공판절차에 출석하여 의견을 진술할 수 있다. 이 경우 필요한 절차에 관한 구체적 사항은 대법원규칙으로 정한다.

④ 제1항에 따른 변호사는 증거보전 후 관계 서류나 증거물, 소송계속 중의 관계 서류나 증거물을 열람하거나 등사할 수 있다.

⑤ 제1항에 따른 변호사는 형사절차에서 피해자등의 대리가 허용될 수 있는 모든 소송행위에 대한 포괄적인 대리권을 가진다.

⑥ 검사는 피해자에게 변호사가 없는 경우 국선변호사를 선정하여 형사절차에서 피해자의 권익을 보호할 수 있다. 다만, 19세 미만 피해자 등(→ 19세 미만인 피해자나 신체적인 또는 정신적인 장애로 사물을 변별하거나 의사를 결정할 능력이 미약한 피해자)에게 변호사가 없는 경우에는 국선변호사를 선정하여야 한다. <개정 2023.7.11>
20. 보호[71]

제28조 성폭력범죄에 대한 전담재판부

지방법원장 또는 고등법원장은 특별한 사정이 없으면 성폭력범죄 전담재판부를 지정하여 성폭력범죄에 대하여 재판하게 하여야 한다.

제29조 수사 및 재판절차에서의 배려

③ 수사기관과 법원은 조사 및 심리·재판 과정에서 19세미만피해자등의 최상의 이익을 고려하여 다음 각 호에 따른 보호조치를 하도록 노력하여야 한다. <신설 2023.7.11>
1. 19세미만피해자등의 진술을 듣는 절차가 타당한 이유 없이 지연되지 아니하도록 할 것
2. 19세미만피해자등의 진술을 위하여 아동 등에게 친화적으로 설계된 장소에서 피해자 조사 및 증인신문을 할 것
3. 19세미만피해자등이 피의자 또는 피고인과 접촉하거나 마주치지 아니하도록 할 것
4. 19세미만피해자등에게 조사 및 심리·재판 과정에 대하여 명확하고 충분히 설명할 것
5. 그 밖에 조사 및 심리·재판 과정에서 19세미만피해자등의 보호 및 지원 등을 위하여 필요한 조치를 할 것

제42조 신상정보 등록대상자

① 제2조 제1항 제3호·제4호, 같은 조 제2항(제1항 제3호·제4호에 한정한다), 제3조부터 제15조까지의 범죄 및 「아동·청소년의 성보호에 관한 법률」 제2조 제2호 가목·라목의 범죄(이하 "등록대상 성범죄"라 한다)로 유죄판결이나 약식명령이 확정된 자 또는 같은 법 제49조 제1항 제4호에 따라 공개명령이 확정된 자는 신상정보 등록대상자(이하 "등록대상자"라 한다)가 된다. 다만, 제12조·제13조의 범죄 및 「아동·청소년의 성보호에 관한 법률」 제11조 제3항 및 제5항의 범죄로 벌금형을 선고받은 자는 제외한다.

② 법원은 등록대상 성범죄로 유죄판결을 선고하거나 약식명령을 고지하는 경우에는 등록대상자라는 사실과 제43조에 따른 신상정보 제출 의무가 있음을 등록대상자에게 알려 주어야 한다.

---

1) 「성폭력범죄의 처벌 등에 관한 특례법」에 따르면 검사는 성폭력범죄 피해자에게 변호사가 없는 경우 국선변호사를 선정하여 형사절차에서 피해자의 권익을 보호할 수 있다. (　)　　　　　　　　　　　　　　　　▶ ○

제44조 등록대상자의 신상정보 등록 등

① 법무부장관은 제43조 제5항, 제6항 및 제43조의2 제3항에 따라 송달받은 정보와 다음 각 호의 등록대상자 정보를 등록하여야 한다.
   1. 등록대상 성범죄 경력정보
   2. 성범죄 전과사실(죄명, 횟수)
   3. 「전자장치 부착 등에 관한 법률」에 따른 전자장치 부착 여부

제45조 등록정보의 관리

① 법무부장관은 제44조 제1항 또는 제4항에 따라 기본신상정보를 최초로 등록한 날(이하 "최초등록일"이라 한다)부터 다음 각 호의 구분에 따른 기간(이하 "등록기간"이라 한다) 동안 등록정보를 보존·관리하여야 한다. 다만, 법원이 제4항에 따라 등록기간을 정한 경우에는 그 기간 동안 등록정보를 보존·관리하여야 한다.
   1. 신상정보 등록의 원인이 된 성범죄로 사형, 무기징역·무기금고형 또는 10년 초과의 징역·금고형을 선고받은 사람: 30년
   2. 신상정보 등록의 원인이 된 성범죄로 3년 초과 10년 이하의 징역·금고형을 선고받은 사람: 20년
   3. 신상정보 등록의 원인이 된 성범죄로 3년 이하의 징역·금고형을 선고받은 사람 또는 「아동·청소년의 성보호에 관한 법률」 제49조 제1항 제4호에 따라 공개명령이 확정된 사람: 15년
   4. 신상정보 등록의 원인이 된 성범죄로 벌금형을 선고받은 사람: 10년

제45조의2 신상정보 등록의 면제

① 신상정보 등록의 원인이 된 성범죄로 형의 선고를 유예받은 사람이 선고유예를 받은 날부터 2년이 경과하여 「형법」 제60조에 따라 면소된 것으로 간주되면 신상정보 등록을 면제한다. 24. 보호92)

제47조 등록정보의 공개

① 등록정보의 공개에 관하여는 「아동·청소년의 성보호에 관한 법률」 제49조, 제50조, 제52조, 제54조, 제55조 및 제65조를 적용한다.
② 등록정보의 공개는 여성가족부장관이 집행한다. 24. 보호9

제49조 등록정보의 고지

① 등록정보의 고지에 관하여는 「아동·청소년의 성보호에 관한 법률」 제50조 및 제51조를 적용한다.
② 등록정보의 고지는 여성가족부장관이 집행한다. 24. 보호93)

---

2) 신상정보 등록의 원인이 된 성범죄로 형의 선고를 유예받은 사람이 선고유예를 받은 날부터 2년이 경과하여 면소된 것으로 간주되면 신상정보 등록을 면제한다. ( )　　　▶ ○
3) 신상정보의 등록은 여성가족부장관이 집행하고, 신상정보의 공개·고지는 법무부장관이 집행한다. ( )　　　▶ ×

「보안관찰법」

제1조 목적

이 법은 특정범죄를 범한 자에 대하여 재범의 위험성을 예방하고 건전한 사회복귀를 촉진하기 위하여 보안관찰처분을 함으로써 국가의 안전과 사회의 안녕을 유지함을 목적으로 한다.

제2조 보안관찰해당범죄

이 법에서 "보안관찰해당범죄"라 함은 다음 각 호(생략)의 1에 해당하는 죄를 말한다(→ 내란목적살인, 내란예비·음모, 외환유치, 여적, 간첩 등 내란·외환의 죄와 군형법·국가보안법상의 특별한 범죄).

제3조 보안관찰처분대상자

이 법에서 "보안관찰처분대상자"라 함은 보안관찰해당범죄 또는 이와 경합된 범죄로 금고 이상의 형의 선고를 받고 그 형기합계가 3년 이상인 자로서 형의 전부 또는 일부의 집행을 받은 사실이 있는 자를 말한다.

제4조 보안관찰처분

① 제3조에 해당하는 자중 보안관찰해당범죄를 다시 범할 위험성이 있다고 인정할 충분한 이유가 있어 재범의 방지를 위한 관찰이 필요한 자에 대하여는 보안관찰처분을 한다. 12. 교정7

제5조 보안관찰처분의 기간

① 보안관찰처분의 기간은 2년으로 한다. 14. 교정9★
② 법무부장관은 검사의 청구가 있는 때에는 보안관찰처분심의위원회의 의결을 거쳐 그 기간을 갱신할 수 있다.

제7조 보안관찰처분의 청구

보안관찰처분청구는 검사가 행한다. 14. 교정9

제12조 보안관찰처분심의위원회

① 보안관찰처분에 관한 사안을 심의·의결하기 위하여 법무부에 보안관찰처분심의위원회(이하 "위원회"라 한다)를 둔다.
② 위원회는 위원장 1인과 6인의 위원으로 구성한다. 20. 승진
③ 위원장은 법무부차관이 되고, 위원은 학식과 덕망이 있는 자로 하되, 그 과반수는 변호사의 자격이 있는 자이어야 한다.
④ 위원은 법무부장관의 제청으로 대통령이 임명 또는 위촉한다.
⑤ 위촉된 위원의 임기는 2년으로 한다. 다만, 공무원인 위원은 그 직을 면한 때에는 위원의 자격을 상실한다.
14. 교정9

제27조 벌칙

① 보안관찰처분대상자 또는 피보안관찰자가 보안관찰처분 또는 보안관찰을 면탈할 목적으로 은신 또는 도주한 때에는 3년 이하의 징역에 처한다.

14 소년법

📗 제1장 총칙

제1조 목적

이 법은 <u>반사회성이 있는 소년</u>의 환경 조정과 품행 교정을 위한 <u>보호처분 등의 필요한 조치</u>를 하고, <u>형사처분에 관한 특별조치</u>를 함으로써 <u>소년이 건전하게 성장</u>하도록 돕는 것을 목적으로 한다.

제2조 소년 및 보호자

이 법에서 "소년"이란 <u>19세 미만인 자</u>를 말하며, "보호자"란 법률상 감호교육을 할 의무가 있는 자 또는 현재 감호하는 자를 말한다. 23. 보호7[1]

📗 제2장 보호사건

■ 제1절 통칙

제3조 관할 및 직능

① 소년 보호사건의 관할은 <u>소년의 행위지, 거주지 또는 현재지</u>로 한다. 16. 보호7
② 소년 보호사건은 <u>가정법원소년부 또는 지방법원소년부</u>(이하 "소년부"라 한다)에 속한다. 16. 보호7★
③ 소년 보호사건의 심리와 처분 결정은 <u>소년부 단독판사</u>가 한다. 15. 사시★

제4조 보호의 대상과 송치 및 통고

① 다음 각 호의 어느 하나에 해당하는 소년은 <u>소년부의 보호사건</u>으로 심리한다. 22. 보호7★
  1. 죄를 범한 소년(→ <u>범죄소년</u>)
  2. 형벌 법령에 저촉되는 행위를 한 <u>10세 이상 14세 미만</u>인 소년(→ <u>촉법소년</u>)
  3. 다음 각 목에 해당하는 사유가 있고 그의 성격이나 환경에 비추어 앞으로 형벌 법령에 저촉되는 행위를 할 우려가 있는 <u>10세 이상</u>인 소년(→ <u>우범소년</u>, 예방주의)
     가. 집단적으로 몰려다니며 주위 사람들에게 불안감을 조성하는 성벽이 있는 것
     나. 정당한 이유 없이 가출하는 것
     다. 술을 마시고 소란을 피우거나 유해환경에 접하는 성벽이 있는 것

---

1) 「소년법」상 소년은 19세 미만인 자를 말한다. (   )　　　　　　　　　　　　　　▶ ○

② 제1항 제2호 및 제3호에 해당하는 소년(→ 촉법소년·우범소년)이 있을 때에는 경찰서장은 직접 관할 소년부에 송치하여야 한다. 23. 보호7★ 2)

③ 제1항 각 호의 어느 하나에 해당하는 소년(→ 범죄소년·촉법소년·우범소년)을 발견한 보호자 또는 학교·사회복지시설·보호관찰소(보호관찰지소를 포함한다. 이하 같다)의 장은 이를 관할 소년부에 통고할 수 있다. 23. 보호7★ 3)4)

제5조 송치서

소년 보호사건을 송치하는 경우에는 송치서에 사건 본인의 주거·성명·생년월일 및 행위의 개요와 가정 상황을 적고, 그 밖의 참고자료를 첨부하여야 한다. 22. 보호7

제6조 이송

① 보호사건을 송치받은 소년부는 보호의 적정을 기하기 위하여 필요하다고 인정하면 결정으로써 사건을 다른 관할 소년부에 이송할 수 있다. 23. 보호7★

② 소년부는 사건이 그 관할에 속하지 아니한다고 인정하면 결정으로써 그 사건을 관할 소년부에 이송하여야 한다. 23. 보호7★ 5)

제7조 형사처분 등을 위한 관할 검찰청으로의 송치

① 소년부는 조사 또는 심리한 결과 금고 이상의 형에 해당하는 범죄 사실이 발견된 경우 그 동기와 죄질이 형사처분을 할 필요가 있다고 인정하면 결정으로써 사건을 관할 지방법원에 대응한 검찰청 검사에게 송치하여야 한다. 18. 승진★

② 소년부는 조사 또는 심리한 결과 사건의 본인이 19세 이상인 것으로 밝혀진 경우에는 결정으로써 사건을 관할 지방법원에 대응하는 검찰청 검사에게 송치하여야 한다. 다만, 제51조에 따라 법원에 이송하여야 할 경우에는 그러하지 아니하다.

제8조 통지

소년부는 제6조(→ 이송)와 제7조(→ 형사처분 등을 위한 관할 검찰청으로의 송치)에 따른 결정을 하였을 때에는 지체 없이 그 사유를 사건 본인과 그 보호자에게 알려야 한다.

---

2) 형벌법령에 저촉되는 행위를 한 10세 이상 14세 미만의 소년에 대하여 경찰서장은 직접 관할 소년부에 송치할 수 없다. ( ) ▶ ×

3) 보호자는 형벌 법령에 저촉되는 행위를 한 10세 이상 14세 미만인 소년을 발견한 경우 이를 관할 소년부에 통고할 수 있다. ( ) ▶ ○

4) 정당한 이유 없이 가출하고 그의 성격이나 환경에 비추어 앞으로 형벌 법령에 저촉되는 행위를 할 우려가 있는 10세의 소년을 발견한 보호자는 이를 관할 소년부에 통고할 수 있다. ( ) ▶ ○

5) 소년부는 송치받은 보호사건이 그 관할에 속하지 아니한다고 인정하더라도 보호의 적정을 기하기 위하어 필요하다고 인정하면 그 사건을 관할 소년부에 이송하지 않을 수 있다. ( ) ▶ ×

■ 제2절 조사와 심리

제9조 조사 방침

조사는 의학·심리학·교육학·사회학이나 그 밖의 전문적인 지식을 활용하여 소년과 보호자 또는 참고인의 품행, 경력, 가정 상황, 그 밖의 환경 등을 밝히도록 노력하여야 한다(→ 개별주의).

제10조 진술거부권의 고지

소년부 또는 조사관이 범죄 사실에 관하여 소년을 조사할 때에는 미리 소년에게 불리한 진술을 거부할 수 있음을 알려야 한다(→ 적법절차의 원칙). 23. 보호7★ 6)

제11조 조사명령

① 소년부 판사는 조사관에게 사건 본인, 보호자 또는 참고인의 심문이나 그 밖에 필요한 사항을 조사하도록 명할 수 있다. 23. 교정9★ 7)

② 소년부는 제4조 제3항에 따라 통고된 소년을 심리할 필요가 있다고 인정하면 그 사건을 조사하여야 한다. 10. 사시

제12조 전문가의 진단

소년부는 조사 또는 심리를 할 때에 정신건강의학과의사·심리학자·사회사업가·교육자나 그 밖의 전문가의 진단, 소년 분류심사원의 분류심사 결과와 의견, 보호관찰소의 조사결과와 의견 등을 고려하여야 한다(→ 과학주의). 23. 교정9★ 8)

제13조 소환 및 동행영장

① 소년부 판사는 사건의 조사 또는 심리에 필요하다고 인정하면 기일을 지정하여 사건 본인이나 보호자 또는 참고인을 소환할 수 있다. 22. 보호7★

② 사건 본인이나 보호자가 정당한 이유 없이 소환에 응하지 아니하면 소년부 판사는 동행영장을 발부할 수 있다. 23. 보호7★ 9)

제14조 긴급동행영장

소년부 판사는 사건 본인을 보호하기 위하여 긴급조치가 필요하다고 인정하면 제13조 제1항에 따른 소환 없이 동행영장을 발부할 수 있다. 18. 보호7★

---

6) 소년부 또는 조사관이 범죄 사실에 관하여 소년을 조사할 때에는 미리 소년에게 불리한 진술을 거부할 수 있음을 알려야 한다. ( )　　▶ ○
7) 소년부 판사는 조사관에게 사건 본인, 보호자 또는 참고인의 심문이나 그 밖에 필요한 사항을 조사하도록 명할 수 있다. ( )　　▶ ○
8) 소년부는 조사 또는 심리를 할 때에 정신건강의학과의사·심리학자·사회사업가·교육자나 그 밖의 전문가의 진단, 소년분류심사원의 분류심사 결과와 의견, 소년교도소의 조사결과와 의견을 고려하여야 한다. ( )　　▶ ×
9) 소년부 판사는 조사 또는 심리에 필요하다고 인정하여 기일을 지정해서 소환한 사건 본인의 보호자가 정당한 이유 없이 소환에 응하지 아니하면 동행영장을 발부할 수 있다. ( )　　▶ ○

제16조 동행영장의 집행

① 동행영장은 조사관이 집행한다.

② 소년부 판사는 소년부 법원서기관·법원사무관·법원주사·법원주사보나 보호관찰관 또는 사법경찰관리에게 동행영장을 집행하게 할 수 있다. 23. 교정9[10]

③ 동행영장을 집행하면 지체 없이 보호자나 보조인에게 알려야 한다.

제17조 보조인 선임

① 사건 본인이나 보호자는 소년부 판사의 허가를 받아 보조인을 선임할 수 있다. 20. 보호7★

② 보호자나 변호사를 보조인으로 선임하는 경우에는 제1항의 허가를 받지 아니하여도 된다. 22. 보호7★ [11]

④ 소년부 판사는 보조인이 심리절차를 고의로 지연시키는 등 심리진행을 방해하거나 소년의 이익에 반하는 행위를 할 우려가 있다고 판단하는 경우에는 보조인 선임의 허가를 취소할 수 있다. 24. 교정9[12]

⑤ 보조인의 선임은 심급마다 하여야 한다. 22. 보호7★ [13]

제17조의2 국선보조인

① 소년이 소년분류심사원에 위탁된 경우 보조인이 없을 때에는 법원은 변호사 등 적정한 자를 보조인으로 선정하여야 한다. 23. 교정9★ [14]

② 소년이 소년분류심사원에 위탁되지 아니하였을 때에도 다음의 경우 법원은 직권에 의하거나 소년 또는 보호자의 신청에 따라 보조인을 선정할 수 있다. 24. 교정9★ [15]

  1. 소년에게 신체적·정신적 장애가 의심되는 경우

  2. 빈곤이나 그 밖의 사유로 보조인을 선임할 수 없는 경우

  3. 그 밖에 소년부 판사가 보조인이 필요하다고 인정하는 경우

제18조 임시조치

① 소년부 판사는 사건을 조사 또는 심리하는 데에 필요하다고 인정하면 소년의 감호에 관하여 결정으로써 다음 각 호의 어느 하나에 해당하는 조치를 할 수 있다. 18. 교정9★

  1. 보호자, 소년을 보호할 수 있는 적당한 자 또는 시설에 위탁

  2. 병원이나 그 밖의 요양소에 위탁

  3. 소년분류심사원에 위탁

---

10) 소년부 판사는 소년부 법원서기관·법원사무관·법원주사·법원주사보나 보호관찰관 또는 사법경찰관리에게 동행영장을 집행하게 할 수 있다. ( )　　▶ ○

11) 소년보호사건에 있어서 보호자는 소년부 판사의 허가 없이 변호사를 보조인으로 선임할 수 있다. ( )　　▶ ○

12) 소년부 판사는 보조인이 심리절차를 고의로 지연시키는 등 심리진행을 방해하거나 소년의 이익에 반하는 행위를 할 우려가 있다고 판단하는 경우에는 보조인 선임의 허가를 취소하여야 한다. ( )　　▶ ✕

13) 「소년법」상 보조인의 선임은 심급마다 하여야 한다. ( )　　▶ ○

14) 소년이 소년분류심사원에 위탁된 경우 보조인이 없을 때에는 법원은 변호사 등 적정한 자를 보조인으로 선정하여야 한다. ( )　　▶ ○

15) 소년이 소년분류심사원에 위탁되지 아니하였을 때에도 소년에게 신체적·정신적 장애가 의심되는 경우에는 법원은 직권으로 보조인을 선정하여야 한다. ( )　　▶ ✕

② 동행된 소년 또는 제52조 제1항에 따라 인도된 소년(→ 소년부 송치 결정에 따라 인도된 소년)에 대하여는 도착한 때로부터 24시간 이내에 제1항의 조치를 하여야 한다. 10. 보호7

③ 제1항 제1호 및 제2호의 위탁기간은 3개월을, 제1항 제3호의 위탁기간은 1개월을 초과하지 못한다. 다만, 특별히 계속 조치할 필요가 있을 때에는 한 번에 한하여 결정으로써 연장할 수 있다. 23. 보호7 ★ 16)

⑥ 제1항의 조치는 언제든지 결정으로써 취소하거나 변경할 수 있다. 13. 사시

제19조 심리 불개시의 결정

① 소년부 판사는 송치서와 조사관의 조사보고에 따라 사건의 심리를 개시할 수 없거나 개시할 필요가 없다고 인정하면 심리를 개시하지 아니한다는 결정을 하여야 한다. 이 결정은 사건 본인과 보호자에게 알려야 한다. 16. 보호7 ★

② 사안이 가볍다는 이유로 심리를 개시하지 아니한다는 결정을 할 때에는 소년에게 훈계하거나 보호자에게 소년을 엄격히 관리하거나 교육하도록 고지할 수 있다. 24. 교정9 ★ 17)

③ 제1항의 결정이 있을 때에는 제18조의 임시조치는 취소된 것으로 본다.

④ 소년부 판사는 소재가 분명하지 아니하다는 이유로 심리를 개시하지 아니한다는 결정을 받은 소년의 소재가 밝혀진 경우에는 그 결정을 취소하여야 한다.

제20조 심리 개시의 결정

① 소년부 판사는 송치서와 조사관의 조사보고에 따라 사건을 심리할 필요가 있다고 인정하면 심리 개시 결정을 하여야 한다.

② 제1항의 결정은 사건 본인과 보호자에게 알려야 한다. 이 경우 심리 개시 사유의 요지와 보조인을 선임할 수 있다는 취지를 아울러 알려야 한다.

제21조 심리 기일의 지정

① 소년부 판사는 심리 기일을 지정하고 본인과 보호자를 소환하여야 한다. 다만, 필요가 없다고 인정한 경우에는 보호자는 소환하지 아니할 수 있다. 24. 교정9 ★

② 보조인이 선정된 경우에는 보조인에게 심리 기일을 알려야 한다.

제22조 기일 변경

소년부 판사는 직권에 의하거나 사건 본인, 보호자 또는 보조인의 청구에 의하여 심리 기일을 변경할 수 있다. 기일을 변경한 경우에는 이를 사건 본인, 보호자 또는 보조인에게 알려야 한다. 11. 교정7

제23조 심리의 개시

① 심리 기일에는 소년부 판사와 서기가 참석하여야 한다.

② 조사관, 보호자 및 보조인은 심리 기일에 출석할 수 있다.

---

16) 소년부 판사가 사건을 조사 또는 심리하는 데에 필요하다고 인정하여 소년의 감호에 관한 결정으로써 병원이나 그 밖의 요양소에 위탁하는 조치를 하는 경우 그 위탁의 최장기간은 2개월이다. (   )　　　　　　　▶ ×

17) 소년부 판사는 사안이 가볍다는 이유로 심리를 개시하지 아니한다는 결정을 할 때에는 소년에게 훈계하거나 보호자에게 소년을 엄격히 관리하거나 교육하도록 고지할 수 있다. (   )　　　　　　　▶ ○

제24조 심리의 방식

① 심리는 <u>친절</u>하고 <u>온화</u>하게 하여야 한다. 11. 교정7

② <u>심리는 공개하지 아니한다</u>. 다만, 소년부 판사는 적당하다고 인정하는 자에게 참석을 허가할 수 있다(→ 밀행주의). 16. 사시★

제25조 의견의 진술

① 조사관, 보호자 및 보조인은 심리에 관하여 의견을 진술할 수 있다.

② 제1항의 경우에 소년부 판사는 필요하다고 인정하면 사건 본인의 퇴장을 명할 수 있다.

제25조의2 피해자 등의 진술권

소년부 판사는 <u>피해자 또는 그 법정대리인·변호인·배우자·직계친족·형제자매</u>(이하 이 조에서 "대리인등"이라 한다)가 의견진술을 신청할 때에는 피해자나 그 대리인등에게 심리 기일에 의견을 진술할 기회를 주어야 한다. 다만, 다음 각 호의 어느 하나에 해당하는 경우에는 <u>그러하지 아니하다</u>. 15. 교정9★

1. 신청인이 이미 심리절차에서 <u>충분히</u> 진술하여 다시 진술할 필요가 없다고 인정되는 경우
2. 신청인의 진술로 심리절차가 <u>현저하게 지연</u>될 우려가 있는 경우

제25조의3 화해권고

① <u>소년부 판사는 소년의 품행을 교정하고 피해자를 보호하기 위하여 필요하다고 인정하면 소년에게 피해 변상</u> 등 피해자와의 화해를 권고할 수 있다. 21. 보호7★

② 소년부 판사는 제1항의 화해를 위하여 필요하다고 인정하면 <u>기일</u>을 지정하여 소년, 보호자 또는 참고인을 소환할 수 있다. 21. 보호7

③ 소년부 판사는 소년이 제1항의 <u>권고</u>에 따라 피해자와 화해하였을 경우에는 <u>보호처분을 결정할 때 이를 고려</u>할 수 있다. 21. 보호7★

제26조 증인신문, 감정, 통역·번역

① 소년부 판사는 증인을 신문하고 감정이나 통역 및 번역을 명할 수 있다.

제27조 검증, 압수, 수색

① 소년부 판사는 <u>검증, 압수 또는 수색</u>을 할 수 있다.

제28조 원조, 협력

① 소년부 판사는 그 직무에 관하여 모든 행정기관, 학교, 병원, 그 밖의 공사단체(公私團體)에 필요한 원조와 협력을 요구할 수 있다.

제29조 불처분 결정

① 소년부 판사는 심리 결과 보호처분을 할 수 없거나 할 필요가 없다고 인정하면 그 취지의 결정을 하고, 이를 사건 본인과 보호자에게 알려야 한다. 21. 교정9★

제30조의2 기록의 열람·등사

소년 보호사건의 기록과 증거물은 소년부 판사의 허가를 받은 경우에만 열람하거나 등사할 수 있다. 다만, 보조인이 심리 개시 결정 후에 소년 보호사건의 기록과 증거물을 열람하는 경우에는 소년부 판사의 허가를 받지 아니하여도 된다.

■ 제3절 보호처분

제32조 보호처분의 결정

① 소년부 판사는 심리 결과 보호처분을 할 필요가 있다고 인정하면 결정으로써 다음 각 호의 어느 하나에 해당하는 처분을 하여야 한다. 22. 보호7★

1. 보호자 또는 보호자를 대신하여 소년을 보호할 수 있는 자에게 감호 위탁
2. 수강명령
3. 사회봉사명령
4. 보호관찰관의 단기 보호관찰
5. 보호관찰관의 장기 보호관찰
6. 「아동복지법」에 따른 아동복지시설이나 그 밖의 소년보호시설에 감호 위탁
7. 병원, 요양소 또는 「보호소년 등의 처우에 관한 법률」에 따른 의료재활소년원에 위탁
8. 1개월 이내의 소년원 송치
9. 단기 소년원 송치
10. 장기 소년원 송치

② 다음 각 호 안의 처분 상호 간에는 그 전부 또는 일부를 병합할 수 있다. 24. 보호9★ 18)19)

1. 제1항 제1호·제2호·제3호·제4호 처분
2. 제1항 제1호·제2호·제3호·제5호 처분
3. 제1항 제4호·제6호 처분
4. 제1항 제5호·제6호 처분
5. 제1항 제5호·제8호 처분

③ 제1항 제3호의 처분(→ 사회봉사명령)은 14세 이상의 소년에게만 할 수 있다. 22. 보호7★

④ 제1항 제2호 및 제10호의 처분(→ 수강명령, 장기 소년원 송치)은 12세 이상의 소년에게만 할 수 있다. 23. 보호7★ 20)

⑥ 소년의 보호처분은 그 소년의 장래 신상에 어떠한 영향도 미치지 아니한다. 12. 보호7★

---

18) 수강명령 및 사회봉사명령은 단기 보호관찰처분 또는 장기 보호관찰처분과 병합할 수 있다. ( ) ▶ ○

19) 1개월 이내의 소년원 송치 처분을 하는 경우 이 처분과 장기보호관찰을 병합할 수 없다. ( ) ▶ ×

20) 수강명령과 사회봉사명령은 14세 이상의 소년에게만 할 수 있다. ( ) ▶ ×

제32조의2 보호관찰처분에 따른 부가처분 등

① 제32조 제1항 제4호 또는 제5호의 처분(→ 단기 보호관찰, 장기 보호관찰)을 할 때에 3개월 이내의 기간을 정하여 「보호소년 등의 처우에 관한 법률」에 따른 대안교육 또는 소년의 상담·선도·교화와 관련된 단체나 시설에서의 상담·교육을 받을 것을 동시에 명할 수 있다. 23. 보호7★ 21)

② 제32조 제1항 제4호 또는 제5호의 처분(→ 단기 보호관찰, 장기 보호관찰)을 할 때에 1년 이내의 기간을 정하여 야간 등 특정 시간대의 외출을 제한하는 명령을 보호관찰대상자의 준수 사항으로 부과할 수 있다. 24. 보호9★ 22)

③ 소년부 판사는 가정상황 등을 고려하여 필요하다고 판단되면 보호자에게 소년원·소년분류심사원 또는 보호관찰소 등에서 실시하는 소년의 보호를 위한 특별교육을 받을 것을 명할 수 있다. 20. 보호7★ 23)

제33조 보호처분의 기간

① 제32조 제1항 제1호·제6호·제7호(→ 보호자 등 위탁, 시설 등 위탁, 병원 등 위탁)의 위탁기간은 6개월로 하되, 소년부 판사는 결정으로써 6개월의 범위에서 한 번에 한하여 그 기간을 연장할 수 있다. 다만, 소년부 판사는 필요한 경우에는 언제든지 결정으로써 그 위탁을 종료시킬 수 있다. 21. 교정7★ 24)25)

② 제32조 제1항 제4호의 단기 보호관찰기간은 1년으로 한다(→ 연장 X). 24. 보호9★ 26)27)

③ 제32조 제1항 제5호의 장기 보호관찰기간은 2년으로 한다. 다만, 소년부 판사는 보호관찰관의 신청에 따라 결정으로써 1년의 범위에서 한 번에 한하여 그 기간을 연장할 수 있다. 24. 보호9★ 28)

④ 제32조 제1항 제2호의 수강명령은 100시간을, 제32조 제1항 제3호의 사회봉사명령은 200시간을 초과할 수 없으며, 보호관찰관이 그 명령을 집행할 때에는 사건 본인의 정상적인 생활을 방해하지 아니하도록 하여야 한다. 21. 교정9★ 29)

⑤ 제32조 제1항 제9호에 따라 단기로 소년원에 송치된 소년의 보호기간은 6개월을 초과하지 못한다(→ 연장 X). 20. 교정9★ 30)

⑥ 제32조 제1항 제10호에 따라 장기로 소년원에 송치된 소년의 보호기간은 2년을 초과하지 못한다(→ 연장 X). 21. 교정7★ 31)

---

21) 소년보호처분 중 제5호 처분을 할 때 6개월의 기간을 정하여 「보호소년 등의 처우에 관한 법률」에 따른 대안교육 또는 소년의 상담·선도·교화와 관련된 단체나 시설에서의 상담·교육을 받을 것을 동시에 명할 수 있다. ( ) ▶ X

22) 보호관찰관의 단기 보호관찰과 장기 보호관찰 처분 시에는 2년 이내의 기간을 정하여 야간 등 특정 시간대의 외출을 제한하는 명령을 보호관찰대상자의 준수 사항으로 부과할 수 있다. ( ) ▶ X

23) 소년부 판사는 가정상황 등을 고려하여 필요하다고 판단되면 보호자에게 보호관찰소 등에서 실시하는 소년의 보호를 위한 특별교육을 받을 것을 명할 수 있다. ( ) ▶ ○

24) 「아동복지법」에 따른 아동복지시설이나 그 밖의 소년보호시설에 감호 위탁 기간은 6개월로 하되, 그 기간을 연장할 수 없다. ( ) ▶ X

25) 보호자 또는 보호자를 대신하여 소년을 보호할 수 있는 자에게 감호 위탁하는 기간은 3개월로 하되, 소년부 판사는 결정으로써 3개월의 범위에서 한 번에 한하여 그 기간을 연장할 수 있다. 다만, 소년부 판사는 필요한 경우에는 언제든지 결정으로써 그 위탁을 종료시킬 수 있다. ( ) ▶ X

26) 보호관찰관의 단기 보호관찰기간은 1년으로 한다. ( ) ▶ ○

27) 단기보호관찰을 받은 보호관찰 대상자가 준수사항을 위반하는 경우, 1년의 범위에서 보호관찰 기간을 연장할 수 있다. ( ) ▶ X

28) 보호관찰관의 장기 보호관찰기간은 2년으로 한다. 다만, 소년부 판사는 보호관찰관의 신청에 따라 결정으로써 1년의 범위에서 한 번에 한하여 그 기간을 연장할 수 있다. ( ) ▶ ○

29) 최대 200시간을 초과하지 않는 범위 내에서 수강명령처분을 결정할 수 있다. ( ) ▶ X

30) 단기로 소년원에 송치된 소년의 보호기간은 3개월을 초과할 수 없다. ( ) ▶ X

31) 장기로 소년원에 송치된 소년의 보호기간은 2년을 초과할 수 없다. ( ) ▶ ○

⑦ 제32조 제1항 제6호부터 제10호까지의 어느 하나에 해당하는 처분을 받은 소년이 시설위탁이나 수용 이후 그 시설을 이탈하였을 때에는 위 처분기간은 진행이 정지되고, 재위탁 또는 재수용된 때로부터 다시 진행한다.

제34조 몰수의 대상

① 소년부 판사는 제4조 제1항 제1호·제2호에 해당하는 소년(→ 범죄소년, 촉법소년)에 대하여 제32조의 처분(→ 보호처분)을 하는 경우에는 결정으로써 다음의 물건을 몰수할 수 있다(→ 임의적 몰수). 15. 사시

1. 범죄 또는 형벌 법령에 저촉되는 행위에 제공하거나 제공하려 한 물건
2. 범죄 또는 형벌 법령에 저촉되는 행위로 인하여 생기거나 이로 인하여 취득한 물건
3. 제1호와 제2호의 대가로 취득한 물건

② 제1항의 몰수는 그 물건이 사건 본인 이외의 자의 소유에 속하지 아니하는 경우에만 할 수 있다. 다만, 사건 본인의 행위가 있은 후 그 정을 알고도 취득한 자가 소유한 경우에는 그러하지 아니하다.

제37조 처분의 변경

① 소년부 판사는 위탁받은 자나 보호처분을 집행하는 자의 신청에 따라 결정으로써 제32조의 보호처분과 제32조의2의 부가처분을 변경할 수 있다. 다만, 제32조 제1항 제1호·제6호·제7호의 보호처분(→ 보호자 등 위탁, 시설 등 위탁, 병원 등 위탁)과 제32조의2 제1항의 부가처분(→ 3개월 이내의 대안교육 등 부과)은 직권으로 변경할 수 있다. 23. 보호7★ 32)

③ 제1항의 결정은 지체 없이 사건 본인과 보호자에게 알리고 그 취지를 위탁받은 자나 보호처분을 집행하는 자에게 알려야 한다.

제38조 보호처분의 취소

① 보호처분이 계속 중일 때에 사건 본인이 처분 당시 19세 이상인 것으로 밝혀진 경우에는 소년부 판사는 결정으로써 그 보호처분을 취소하고 다음의 구분에 따라 처리하여야 한다. 24. 보호9★ 33)34)

1. 검사·경찰서장의 송치 또는 제4조 제3항의 통고에 의한 사건인 경우에는 관할 지방법원에 대응하는 검찰청 검사에게 송치한다.
2. 제50조에 따라 법원이 송치한 사건인 경우에는 송치한 법원에 이송한다.

② 제4조 제1항 제1호·제2호의 소년(→ 범죄소년, 촉법소년)에 대한 보호처분이 계속 중일 때에 사건 본인이 행위 당시 10세 미만으로 밝혀진 경우 또는 제4조 제1항 제3호의 소년(→ 우범소년)에 대한 보호처분이 계속 중일 때에 사건 본인이 처분 당시 10세 미만으로 밝혀진 경우에는 소년부 판사는 결정으로써 그 보호처분을 취소하여야 한다.

---

32) 보호처분을 집행하는 자의 신청이 없더라도 소년부 판사는 직권으로 1개월 이내의 소년원 송치의 처분을 변경할 수 있다.
( ) ▶ ✕
33) 보호처분이 계속 중일 때에 당해 보호사건 본인이 처분 당시 19세 이상인 것으로 밝혀진 경우, 법원이 소년에 대한 피고사건을 심리한 결과 보호처분에 해당할 사유가 있다고 인정하여 결정으로써 관할 소년부에 송치한 사건에 대해서는 소년부 판사는 결정으로써 그 보호처분을 취소하고 송치한 법원에 이송한다. ( ) ▶ ○
34) 보호처분이 계속 중일 때에 당해 보호사건 본인이 처분 당시 19세 이상인 것으로 밝혀진 경우, 검사·경찰서장의 송치에 의한 사건에 대해서는 소년부 판사는 결정으로써 그 보호처분을 취소하고 관할 지방법원에 대응하는 검찰청 검사에게 송치한다. ( ) ▶ ○

제39조 보호처분과 유죄판결

보호처분이 계속 중일 때에 사건 본인에 대하여 유죄판결이 확정된 경우에 보호처분을 한 소년부 판사는 그 처분을 존속할 필요가 없다고 인정하면 결정으로써 보호처분을 취소할 수 있다. 24. 보호9 ★ 35)

제40조 보호처분의 경합

보호처분이 계속 중일 때에 사건 본인에 대하여 새로운 보호처분이 있었을 때에는 그 처분을 한 소년부 판사는 이전의 보호처분을 한 소년부에 조회하여 어느 하나의 보호처분을 취소하여야 한다. 24. 보호9 ★ 36)

제42조 증인 등의 비용

① 증인·감정인·통역인·번역인에게 지급하는 비용, 숙박료, 그 밖의 비용에 대하여는 「형사소송법」 중 비용에 관한 규정을 준용한다. 14. 교정9
② 참고인에게 지급하는 비용에 관하여는 제1항을 준용한다.

■ 제4절 항고

제43조 항고

① 제32조에 따른 보호처분의 결정 및 제32조의2에 따른 부가처분 등의 결정 또는 제37조의 보호처분·부가처분 변경 결정이 다음 각 호의 어느 하나에 해당하면 사건 본인·보호자·보조인 또는 그 법정대리인은 관할 가정법원 또는 지방법원 본원 합의부에 항고할 수 있다(→ 검사, 피해자는 항고 ✕). 21. 보호7 ★ 37)
   1. 해당 결정에 영향을 미칠 법령 위반이 있거나 중대한 사실 오인이 있는 경우
   2. 처분이 현저히 부당한 경우
② 항고를 제기할 수 있는 기간은 7일로 한다. 21. 보호7 ★ 38)

제44조 항고장의 제출

① 항고를 할 때에는 항고장을 원심 소년부에 제출하여야 한다. 21. 보호7 ★ 39)
② 항고장을 받은 소년부는 3일 이내에 의견서를 첨부하여 항고법원에 송부하여야 한다.

---

35) 보호처분이 계속 중일 때에 사건 본인에 대하여 유죄판결이 확정된 경우에 보호처분을 한 소년부 판사는 그 처분을 존속할 필요가 없다고 인정하면 결정으로써 보호처분을 취소할 수 있다. (.)　▶ ○
36) 보호처분이 계속 중일 때에 당해 보호사건 본인에 대하여 새로운 보호처분이 있었을 때에는 그 처분을 한 소년부 판사는 이전의 보호처분을 한 소년부에 조회하여 이전의 보호처분을 취소하여야 한다. ( )　▶ ✕
37) 보호처분이 현저히 부당한 경우에는 사건 본인이나 보호자는 고등법원에 항고할 수 있다. ( )　▶ ✕
38) 항고를 제기할 수 있는 기간은 10일로 한다. ( )　▶ ✕
39) 항고를 제기할 수 있는 기간은 7일이며, 항고장은 원심 소년부에 제출하여야 한다. ( )　▶ ○

제45조 항고의 재판

① 항고법원은 <u>항고 절차가 법률에 위반되거나</u> <u>항고가 이유 없다고 인정한 경우</u>에는 결정으로써 <u>항고를 기각하여야 한다.</u>

② 항고법원은 <u>항고가 이유가 있다고 인정한 경우</u>에는 <u>원결정을 취소</u>하고 사건을 <u>원소년부에 환송</u>하거나 <u>다른 소년부에 이송하여야 한다.</u> 다만, 환송 또는 이송할 여유가 없이 급하거나 그 밖에 필요하다고 인정한 경우에는 원결정을 파기하고 불처분 또는 <u>보호처분의 결정</u>을 할 수 있다. 20. 보호7[40]

③ 제2항에 따라 항고가 이유가 있다고 인정되어 <u>보호처분의 결정을 다시 하는 경우</u>에는 <u>원결정에 따른 보호처분의 집행 기간</u>은 그 전부를 항고에 따른 보호처분의 집행 기간에 산입(제32조 제1항 <u>제8호·제9호·제10호</u> 처분 상호 간에만 해당한다)한다.

제46조 집행 정지

<u>항고는 결정의 집행을 정지시키는 효력이 없다.</u> 21. 보호7★

제47조 재항고

① <u>항고를 기각하는 결정</u>에 대하여는 그 결정이 <u>법령에 위반되는 경우</u>에만 <u>대법원에 재항고</u>를 할 수 있다. 20. 보호7[41]

🗂 제3장 형사사건

■ 제1절 통칙

제48조 준거법례

<u>소년에 대한 형사사건에 관하여는 이 법에 특별한 규정이 없으면 일반 형사사건의 예에 따른다</u>(→ 소년법이 먼저 적용되고 보충적으로 형법·형사소송법 등이 적용). 12. 보호7

제49조 검사의 송치

① <u>검사</u>는 소년에 대한 피의사건을 수사한 결과 <u>보호처분에 해당하는 사유</u>가 있다고 인정한 경우에는 사건을 관할 <u>소년부에 송치하여야 한다</u>(→ 검사선의주의). 18. 승진★

② <u>소년부</u>는 제1항에 따라 송치된 사건을 조사 또는 심리한 결과 그 동기와 죄질이 <u>금고 이상의 형사처분을 할 필요</u>가 있다고 인정할 때에는 결정으로써 해당 검찰청 <u>검사에게 송치할 수 있다.</u> 22. 교정9★[42]

③ 제2항에 따라 송치한 사건은 <u>다시 소년부에 송치할 수 없다</u>(→ 역송 금지). 15. 사시★

---

40) 항고법원은 항고가 이유가 있다고 인정한 경우에는 원결정을 파기하고 직접 불처분 또는 보호처분의 결정을 하는 것이 원칙이다. ( )   ▶ ×

41) 항고를 기각하는 결정에 대하여는 그 결정이 법령에 위반되는 경우에만 대법원에 재항고를 할 수 있다. ( )   ▶ ○

42) 검사가 소년부에 송치한 사건을 소년부는 다시 해당 검찰청 검사에게 송치할 수 없다. ( )   ▶ ×

제49조의2 검사의 결정 전 조사

① 검사는 소년 피의사건에 대하여 소년부 송치, 공소제기, 기소유예 등의 처분을 결정하기 위하여 필요하다고 인정하면 피의자의 주거지 또는 검찰청 소재지를 관할하는 보호관찰소의 장, 소년분류심사원장 또는 소년원장(이하 "보호관찰소장등"이라 한다)에게 피의자의 품행, 경력, 생활환경이나 그 밖에 필요한 사항에 관한 조사를 요구할 수 있다. 20. 보호7★ 43)

제49조의3 조건부 기소유예

검사는 피의자에 대하여 다음 각 호에 해당하는 선도 등을 받게 하고, 피의사건에 대한 공소를 제기하지 아니할 수 있다. 이 경우 소년과 소년의 친권자·후견인 등 법정대리인의 동의를 받아야 한다. 18. 보호7★

1. 범죄예방자원봉사위원의 선도
2. 소년의 선도·교육과 관련된 단체·시설에서의 상담·교육·활동 등

제50조 법원의 송치

법원은 소년에 대한 피고사건을 심리한 결과 보호처분에 해당할 사유가 있다고 인정하면 결정으로써 사건을 관할 소년부에 송치하여야 한다. 23. 보호7★

제51조 이송

소년부는 제50조에 따라 송치받은 사건을 조사 또는 심리한 결과 사건의 본인이 19세 이상인 것으로 밝혀지면 결정으로써 송치한 법원에 사건을 다시 이송하여야 한다. 23. 보호7★ 44)

제52조 소년부 송치 시의 신병 처리

① 제49조 제1항이나 제50조에 따른 소년부 송치결정이 있는 경우에는 소년을 구금하고 있는 시설의 장은 검사의 이송 지휘를 받은 때로부터 법원 소년부가 있는 시·군에서는 24시간 이내에, 그 밖의 시·군에서는 48시간 이내에 소년을 소년부에 인도하여야 한다. 이 경우 구속영장의 효력은 소년부 판사가 제18조 제1항(→ 임시조치)에 따른 소년의 감호에 관한 결정을 한 때에 상실한다. 19. 교정9

② 제1항에 따른 인도와 결정은 구속영장의 효력기간 내에 이루어져야 한다.

제53조 보호처분의 효력

제32조의 보호처분을 받은 소년에 대하여는 그 심리가 결정된 사건은 다시 공소를 제기하거나 소년부에 송치할 수 없다(→ 일사부재리의 원칙 또는 이중처벌금지의 원칙). 다만, 제38조 제1항 제1호의 경우(→ 소년이 처분 당시 19세 이상이어서 보호처분이 취소되고 검사에게 송치된 경우)에는 공소를 제기할 수 있다. 22. 보호7

---

43) 「소년법」 제49조의2에 따른 검사의 결정 전 조사는 검사가 소년 피의사건에 대하여 소년부 송치, 공소제기, 기소유예 등의 처분을 결정하기 위하여 필요하다고 인정되는 경우에 조사를 요구할 수 있는 것을 말한다. ( )　　　　▶ ○

44) 법원이 소년에 대한 피고사건을 심리한 결과 보호처분에 해당할 사유가 있다고 인정하여 결정으로써 사건을 관할 소년부에 송치한 경우, 해당 소년부는 조사 또는 심리한 결과 사건의 본인이 19세 이상인 것으로 밝혀지면 결정으로써 송치한 법원에 사건을 다시 이송하여야 한다. ( )　　　　▶ ○

제54조 공소시효의 정지

제20조에 따른 심리 개시 결정이 있었던 때로부터 그 사건에 대한 보호처분의 결정이 확정될 때까지 공소시효는 그 진행이 정지된다. 15. 사시★

제55조 구속영장의 제한

① 소년에 대한 구속영장은 부득이한 경우가 아니면 발부하지 못한다. 22. 교정9★

② 소년을 구속하는 경우에는 특별한 사정이 없으면 다른 피의자나 피고인과 분리하여 수용하여야 한다. 13. 사시

■ 제2절 심판

제56조 조사의 위촉

법원은 소년에 대한 형사사건에 관하여 필요한 사항을 조사하도록 조사관에게 위촉할 수 있다(→ 임의적). 15. 사시★

제57조 심리의 분리

소년에 대한 형사사건의 심리는 다른 피의사건과 관련된 경우에도 심리에 지장이 없으면 그 절차를 분리하여야 한다. 22. 교정7★ 45)

제58조 심리의 방침

① 소년에 대한 형사사건의 심리는 친절하고 온화하게 하여야 한다.

② 제1항의 심리에는 소년의 심신상태, 품행, 경력, 가정상황, 그 밖의 환경 등에 대하여 정확한 사실을 밝힐 수 있도록 특별히 유의하여야 한다.

제59조 사형 및 무기형의 완화

죄를 범할 당시 18세 미만인 소년에 대하여 사형 또는 무기형으로 처할 경우에는 15년의 유기징역으로 한다. 23. 보호7★ 46)

제60조 부정기형

① 소년이 법정형으로 장기 2년 이상의 유기형에 해당하는 죄를 범한 경우에는 그 형의 범위에서 장기와 단기를 정하여 선고한다. 다만, 장기는 10년, 단기는 5년을 초과하지 못한다(→ 상대적 부정기형). 24. 보호9★ 47)

② 소년의 특성에 비추어 상당하다고 인정되는 때에는 그 형을 감경할 수 있다.

③ 형의 집행유예나 선고유예를 선고할 때에는 제1항을 적용하지 아니한다(→ 상대적 부정기형 선고 ✕). 21. 보호7★ 48)

---

45) 소년에 대한 형사사건의 심리는 다른 피의사건과 관련된 경우 심리에 지장이 없으면 그 절차를 병합하여야 한다. ( )　▶ ✕

46) 죄를 범할 당시 19세 미만 소년에 대하여 사형 또는 무기형으로 처할 경우에는 15년의 유기징역으로 한다. ( )　▶ ✕

47) 소년이 법정형으로 장기 2년 이상의 유기형에 해당하는 죄를 범한 경우에는 그 형의 범위에서 장기와 단기를 정하여 선고한다. 다만, 장기는 5년, 단기는 3년을 초과하지 못한다. ( )　▶ ✕

48) 소년에 대해 형의 선고유예 시에는 부정기형을 선고하지 못하나, 집행유예 시에는 부정기형을 선고할 수 있다. ( )　▶ ✕

④ 소년에 대한 부정기형을 집행하는 기관의 장은 형의 단기가 지난 소년범의 행형 성적이 양호하고 교정의 목적을 달성하였다고 인정되는 경우에는 관할 검찰청 검사의 지휘에 따라 그 형의 집행을 종료시킬 수 있다. 23. 교정7 ★ 49)50)51)

> ╋「특정강력범죄의 처벌에 관한 특례법」상 소년범죄 관련규정
>
> **제4조【소년에 대한 형】** ① 특정강력범죄를 범한 당시 18세 미만인 소년을 사형 또는 무기형에 처하여야 할 때에는 「소년법」제59조에도 불구하고 그 형을 20년의 유기징역으로 한다. 20. 보호752)
> ② 특정강력범죄를 범한 소년에 대하여 부정기형(不定期刑)을 선고할 때에는 「소년법」제60조 제1항 단서에도 불구하고 장기는 15년, 단기는 7년을 초과하지 못한다. 24. 보호953)

제61조 미결구금일수의 산입

제18조 제1항 제3호(→ 소년분류심사원에 위탁)의 조치가 있었을 때에는 그 위탁기간은 「형법」제57조 제1항의 판결선고 전 구금일수로 본다. 12. 사시★

제62조 환형처분의 금지

18세 미만인 소년에게는 「형법」제70조(→ 노역장유치)에 따른 유치선고를 하지 못한다. 다만, 판결선고 전 구속되었거나 제18조 제1항 제3호의 조치(→ 소년분류심사원에 위탁)가 있었을 때에는 그 구속 또는 위탁의 기간에 해당하는 기간은 노역장에 유치된 것으로 보아 「형법」제57조(→ 판결선고 전 구금일수의 통산)를 적용할 수 있다. 20. 보호7 ★ 54)

제63조 징역·금고의 집행

징역 또는 금고를 선고받은 소년에 대하여는 특별히 설치된 교도소(→ 소년교도소) 또는 일반 교도소 안에 특별히 분리된 장소에서 그 형을 집행한다. 다만, 소년이 형의 집행 중에 23세가 되면 일반 교도소에서 집행할 수 있다. 23. 보호7 ★ 55)

> ╋「형의 집행 및 수용자의 처우에 관한 법률」상 소년교도소 수용 관련규정
>
> **제12조【구분수용의 예외】** ③ 수형자가 소년교도소에 수용 중에 19세가 된 경우에도 교육·교화프로그램, 작업, 직업훈련 등을 실시하기 위하여 특히 필요하다고 인정되면 23세가 되기 전까지는 계속하여 수용할 수 있다.

---

49) 소년에 대한 부정기형을 집행하는 기관의 장은 교정 목적이 달성되었다고 인정되는 경우에는 법원의 결정에 따라 그 형의 집행을 종료할 수 있다. ( ) ▶ ×
50) 소년에 대한 부정기형을 집행하는 기관의 장은 형의 단기의 3분의 1이 지난 소년범의 행형 성적이 양호하고 교정의 목적을 달성하였다고 인정되는 경우에는 관할 검찰청 검사의 지휘에 따라 그 형의 집행을 종료시킬 수 있다. ( ) ▶ ×
51) 소년에 대한 부정기형을 집행하는 기관의 장은 형의 단기가 지난 소년범의 행형 성적이 양호하고 교정의 목적을 달성하였다고 인정되는 경우에는 관할 지방법원 판사의 명령에 따라 그 형의 집행을 종료시킬 수 있다. ( ) ▶ ×
52) 존속살해죄를 범한 당시 16세인 소년 甲에 대하여 무기형에 처하여야 할 때에는 15년의 유기징역으로 한다. ( ) ▶ ×
53) 「특정강력범죄의 처벌에 관한 특례법」 소정의 특정강력범죄를 범한 소년에 대하여 부정기형을 선고할 때에는 장기는 15년, 단기는 7년을 초과하지 못한다. ( ) ▶ ○
54) 17세인 소년 乙에게 벌금형이 선고된 경우 노역장유치 선고로 환형처분할 수 없다. ( ) ▶ ○
55) 소년교도소에서 형 집행 중이던 소년 丙이 23세가 되면 일반 교도소에서 형을 집행할 수 있다. ( ) ▶ ○

제64조 보호처분과 형의 집행

보호처분이 계속 중일 때에 징역, 금고 또는 구류를 선고받은 소년에 대하여는 먼저 그 형을 집행한다. 16. 보호7★

제65조 가석방

징역 또는 금고를 선고받은 소년에 대하여는 다음 각 호의 기간이 지나면 가석방을 허가할 수 있다. 23. 보호7★ 56)57)

1. 무기형의 경우에는 5년
2. 15년 유기형의 경우에는 3년
3. 부정기형의 경우에는 단기의 3분의 1

제66조 가석방 기간의 종료

징역 또는 금고를 선고받은 소년이 가석방된 후 그 처분이 취소되지 아니하고 가석방 전에 집행을 받은 기간과 같은 기간이 지난 경우에는 형의 집행을 종료한 것으로 한다. 다만, 제59조의 형기(→ 15년의 유기징역) 또는 제60조 제1항에 따른 장기의 기간(→ 부정기형의 장기)이 먼저 지난 경우에는 그 때에 형의 집행을 종료한 것으로 한다. 23. 교정7★ 58)

제67조 자격에 관한 법령의 적용

① 소년이었을 때 범한 죄에 의하여 형의 선고 등을 받은 자에 대하여 다음 각 호의 경우 자격에 관한 법령을 적용할 때 장래에 향하여 형의 선고를 받지 아니한 것으로 본다. 15. 사시★

    1. 형을 선고받은 자가 그 집행을 종료하거나 면제받은 경우

    2. 형의 선고유예나 집행유예를 선고받은 경우

② 제1항에도 불구하고 형의 선고유예가 실효되거나 집행유예가 실효·취소된 때에는 그 때에 형을 선고받은 것으로 본다.

🗀 제3장의2 비행 예방

제67조의2 비행 예방정책

법무부장관은 제4조 제1항에 해당하는 자(이하 "비행소년"이라 한다)가 건전하게 성장하도록 돕기 위하여 다음 각 호의 사항에 대한 필요한 조치를 취하여야 한다.

1. 비행소년이 건전하게 성장하도록 돕기 위한 조사·연구·교육·홍보 및 관련 정책의 수립·시행
2. 비행소년의 선도·교육과 관련된 중앙행정기관·공공기관 및 사회단체와의 협조체계의 구축 및 운영

---

56) 15년의 유기징역을 선고받은 소년 丁의 경우 성인범죄자의 경우와 같이 5년이 지나야 가석방을 허가할 수 있다. ( )

                        ▶ ×

57) 무기징역을 선고받은 소년에 대하여는 5년의 기간이 지나면 가석방을 허가할 수 있다. ( )   ▶ ○

58) 15년 유기징역형을 선고받은 15세 소년이 3년이 지나 가석방된 경우, 가석방된 후 그 처분이 취소되지 아니하고 3년이 경과한 때에 형의 집행을 종료한 것으로 한다. ( )   ▶ ○

⬜ 제4장 벌칙

제68조 보도 금지

① 이 법에 따라 조사 또는 심리 중에 있는 보호사건이나 형사사건에 대하여는 성명·연령·직업·용모 등으로 비추어 볼 때 그 자가 당해 사건의 당사자라고 미루어 짐작할 수 있는 정도의 사실이나 사진을 신문이나 그 밖의 출판물에 싣거나 방송할 수 없다(→ 밀행주의).

제69조 나이의 거짓 진술

성인이 고의로 나이를 거짓으로 진술하여 보호처분이나 소년 형사처분을 받은 경우에는 1년 이하의 징역에 처한다.

제70조 조회 응답

① 소년 보호사건과 관계있는 기관은 그 사건 내용에 관하여 재판, 수사 또는 군사상 필요한 경우 외의 어떠한 조회에도 응하여서는 아니 된다.

제71조 소환의 불응 및 보호자 특별교육명령 불응

다음 각 호의 어느 하나에 해당하는 자에게는 300만 원 이하의 과태료를 부과한다.

1. 제13조 제1항에 따른 소환에 정당한 이유 없이 응하지 아니한 자
2. 제32조의2 제3항의 특별교육명령에 정당한 이유 없이 응하지 아니한 자

15 보호소년 등의 처우에 관한 법률

🗂 제1장 총칙

제1조 목적
이 법은 보호소년 등의 처우 및 교정교육과 소년원과 소년분류심사원의 조직, 기능 및 운영에 관하여 필요한 사항을 규정함을 목적으로 한다.

제1조의2 정의
이 법에서 사용하는 용어의 뜻은 다음과 같다.

1. "보호소년"이란 「소년법」 제32조 제1항 제7호부터 제10호까지(→ 병원 등 위탁, 1개월 이내의 소년원 송치, 단기 소년원 송치, 장기 소년원 송치)의 규정에 따라 가정법원소년부 또는 지방법원소년부(이하 "법원소년부"라 한다)로부터 위탁되거나 송치된 소년을 말한다.
2. "위탁소년"이란 「소년법」 제18조 제1항 제3호(→ 소년분류심사원에 위탁)에 따라 법원소년부로부터 위탁된 소년을 말한다.
3. "유치소년"이란 「보호관찰 등에 관한 법률」 제42조 제1항에 따라 유치(留置)된 소년을 말한다.
4. "보호소년등"이란 보호소년, 위탁소년 또는 유치소년을 말한다.

제2조 처우의 기본원칙
② 보호소년에게는 품행의 개선과 진보의 정도에 따라 점차 향상된 처우를 하여야 한다.

제3조 임무
① 소년원은 보호소년을 수용하여 교정교육을 하는 것을 임무로 한다.
② 소년분류심사원은 다음 각 호의 임무를 수행한다.

1. 위탁소년의 수용과 분류심사
2. 유치소년의 수용과 분류심사
3. 「소년법」 제12조에 따른 전문가 진단의 일환으로 법원소년부가 상담조사를 의뢰한 소년의 상담과 조사
4. 「소년법」 제49조의2에 따라 소년 피의사건에 대하여 검사가 조사를 의뢰한 소년의 품행 및 환경 등의 조사
5. 제1호부터 제4호까지의 규정에 해당되지 아니하는 소년으로서 소년원장이나 보호관찰소장이 의뢰한 소년의 분류심사

제4조 관장 및 조직

① 소년원과 소년분류심사원은 <u>법무부장관</u>이 관장한다.

제5조 소년원의 분류

① <u>법무부장관</u>은 보호소년의 처우상 필요하다고 인정하면 대통령령으로 정하는 바에 따라 <u>소년원을 초·중등교육, 직업능력개발훈련, 의료재활 등 기능별로 분류하여 운영</u>하게 할 수 있다.

② 법무부장관은 제1항에 따라 의료재활 기능을 전문적으로 수행하는 소년원을 <u>의료재활소년원</u>으로 운영한다.

제6조 소년원 등의 규모 등

① <u>신설하는 소년원 및 소년분류심사원은 수용정원이 150명 이내</u>의 규모가 되도록 하여야 한다. 다만, 소년원 및 소년분류심사원의 기능·위치나 그 밖의 사정을 고려하여 그 <u>규모를 증대할 수 있다.</u> 21. 교정7[1]

② 보호소년등의 개별적 특성에 맞는 처우를 위하여 소년원 및 소년분류심사원에 두는 <u>생활실</u>은 대통령령으로 정하는 바에 따라 <u>소규모</u>로 구성하여야 한다(→ 4명 이하가 원칙, 예외적 증대 ○).

☐ 제2장 수용·보호

제7조 수용절차

① 보호소년등을 소년원이나 소년분류심사원에 수용할 때에는 <u>법원소년부의 결정서, 법무부장관의 이송허가서 또는 지방법원 판사의 유치허가장</u>에 의하여야 한다. 20. 보호7★ [2]

제8조 분류처우

① 원장은 보호소년등의 정신적·신체적 상황 등 개별적 특성을 고려하여 생활실을 구분하는 등 적합한 처우를 하여야 한다.

② 보호소년등은 다음 각 호의 기준에 따라 <u>분리 수용</u>한다. 22. 교정9★ [3]

　1. <u>남성과 여성</u>

　2. <u>보호소년, 위탁소년</u> 및 <u>유치소년</u>

③ 「소년법」 제32조 제1항 제7호의 처분(→ 병원 등 위탁)을 받은 보호소년은 <u>의료재활소년원에 해당하는 소년원에 수용</u>하여야 한다.

④ 원장은 <u>보호소년등이 희망</u>하거나 특별히 보호소년등의 <u>개별적 특성에 맞는 처우가 필요</u>한 경우 보호소년등을 <u>혼자 생활</u>하게 할 수 있다.

---

1) 신설하는 소년원 및 소년분류심사원은 수용정원이 150명 이상의 규모가 되도록 하여야 한다. 다만, 소년원 및 소년분류심사원의 기능·위치나 그 밖의 사정을 고려하여 그 규모를 축소할 수 있다. ( )　▶ ✕

2) 보호소년등을 소년원이나 소년분류심사원에 수용할 때에는 검사의 수용지휘서에 의하여야 한다. ( )　▶ ✕

3) 보호소년등은 남성과 여성, 보호소년과 위탁소년 및 유치소년, 16세 미만인 자와 16세 이상인 자 등의 기준에 따라 분리 수용한다. ( )　▶ ✕

제9조 보호처분의 변경 등

① 소년원장은 <u>보호소년</u>이 다음 각 호의 어느 하나에 해당하는 경우에는 소년원 소재지를 관할하는 법원소년부에 「소년법」 제37조에 따른 <u>보호처분의 변경을 신청할 수 있다.</u>

  1. 중환자로 판명되어 수용하기 위험하거나 장기간 치료가 필요하여 교정교육의 실효를 거두기가 어렵다고 판단되는 경우

  2. 심신의 장애가 현저하거나 임신 또는 출산(유산·사산한 경우를 포함한다), 그 밖의 사유로 특별한 보호가 필요한 경우

  3. 시설의 안전과 수용질서를 현저히 문란하게 하는 보호소년에 대한 교정교육을 위하여 보호기간을 연장할 필요가 있는 경우

② 소년분류심사원장은 <u>위탁소년</u>이 제1항 각 호의 어느 하나에 해당하는 경우에는 위탁 결정을 한 법원소년부에 「소년법」 제18조에 따른 <u>임시조치의 취소, 변경 또는 연장에 관한 의견을 제시할 수 있다.</u>

③ <u>소년분류심사원장은 유치소년</u>이 제1항 제1호(→ 중환자로 판명되어 수용하기 위험하거나 장기간 치료가 필요하여 교정교육의 실효를 거두기가 어렵다고 판단되는 경우) 또는 제2호(→ 심신의 장애가 현저하거나 임신 또는 출산(유산·사산한 경우를 포함한다), 그 밖의 사유로 특별한 보호가 필요한 경우)에 해당하는 경우에는 유치 허가를 한 지방법원 판사 또는 소년분류심사원 소재지를 관할하는 법원소년부에 <u>유치 허가의 취소에 관한 의견을 제시할 수 있다.</u> 21. 교정74)

⑤ 제1항에 따른 <u>보호처분의 변경을 할 경우</u> 보호소년이 <u>19세 이상인 경우에도</u> 「소년법」 제2조 및 제38조 제1항에도 불구하고 같은 법 제2장의 <u>보호사건 규정을 적용한다.</u>

제10조 원장의 면접

<u>원장</u>은 보호소년등으로부터 <u>처우나 일신상의 사정에 관한 의견</u>을 듣기 위하여 <u>수시로</u> 보호소년등과 면접을 하여야 한다.

제11조 청원

<u>보호소년등</u>은 그 <u>처우에 대하여 불복할 때</u>에는 법무부장관에게 <u>문서로</u> 청원할 수 있다. 21. 보호7★

제12조 이송

① 소년원장은 분류수용, 교정교육상의 필요, 그 밖의 이유로 보호소년을 다른 소년원으로 이송하는 것이 적당하다고 인정하면 <u>법무부장관의 허가</u>를 받아 이송할 수 있다. 23. 보호7★ 5)

② 「소년법」 제32조 제1항 제7호의 처분(→ 병원 등 위탁)을 받은 보호소년은 <u>의료재활소년원에 해당하지 아니하는 소년원으로 이송할 수 없다.</u>

---

4) 소년분류심사원장은 유치소년이 시설의 안전과 수용질서를 현저히 문란하게 하는 보호소년에 대한 교정교육을 위하여 유치기간을 연장할 필요가 있는 경우에는 유치 허가를 한 지방법원 판사 또는 소년분류심사원 소재지를 관할하는 법원소년부에 유치 허가의 취소에 관한 의견을 제시할 수 있다. ( )　　　　　　　　　　　　　　　　▶ ✕

5) 소년원장은 분류수용, 교정교육상의 필요, 그 밖의 이유로 보호소년을 다른 소년원으로 이송하는 것이 적당하다고 인정하면 법무부장관의 허가를 받아 이송할 수 있다. ( )　　　　　　　　　　　　　　　　▶ ○

제14조 사고 방지 등

② 보호소년등이 소년원이나 소년분류심사을 이탈하였을 때에는 그 소속 공무원이 재수용할 수 있다. 14. 교정9

제14조의2 보호장비의 사용

① 보호장비의 종류는 다음 각 호와 같다. 21. 보호7★

  1. 수갑
  2. 포승(捕繩)
  3. 가스총
  4. 전자충격기
  5. 머리보호장비
  6. 보호대(保護帶)

② 원장은 다음 각 호의 어느 하나에 해당하는 경우에는 소속 공무원으로 하여금 보호소년등에 대하여 수갑, 포승 또는 보호대를 사용하게 할 수 있다. 23. 교정9★

  1. 이탈·난동·폭행·자해·자살을 방지하기 위하여 필요한 경우
  2. 법원 또는 검찰의 조사·심리, 이송, 그 밖의 사유로 호송하는 경우 21. 교정76)
  3. 그 밖에 소년원·소년분류심사원의 안전이나 질서를 해칠 우려가 현저한 경우

③ 원장은 다음 각 호의 어느 하나에 해당하는 경우에는 소속 공무원으로 하여금 보호소년등에 대하여 수갑, 포승 또는 보호대 외에 가스총이나 전자충격기를 사용하게 할 수 있다. 23. 교정9★7)

  1. 이탈, 자살, 자해하거나 이탈, 자살, 자해하려고 하는 때
  2. 다른 사람에게 위해를 가하거나 가하려고 하는 때
  3. 위력으로 소속 공무원의 정당한 직무집행을 방해하는 때
  4. 소년원·소년분류심사원의 설비·기구 등을 손괴하거나 손괴하려고 하는 때
  5. 그 밖에 시설의 안전 또는 질서를 크게 해치는 행위를 하거나 하려고 하는 때

④ 제3항에 따라 가스총이나 전자충격기를 사용하려면 사전에 상대방에게 이를 경고하여야 한다. 다만, 상황이 급박하여 경고할 시간적인 여유가 없는 때에는 그러하지 아니하다. 23. 교정9

⑤ 원장은 보호소년등이 자해할 우려가 큰 경우에는 소속 공무원으로 하여금 보호소년등에게 머리보호장비를 사용하게 할 수 있다. 23. 교정98)

⑥ 보호장비는 필요한 최소한의 범위에서 사용하여야 하며, 보호장비를 사용할 필요가 없게 되었을 때에는 지체 없이 사용을 중지하여야 한다. 23. 교정99)

---

6) 원장은 법원 또는 검찰의 조사·심리, 이송, 그 밖의 사유로 보호소년등을 호송하는 경우, 소속공무원으로 하여금 수갑, 포승이나 전자충격기를 사용하게 할 수 있다. (   ) ▶ ×

7) 「보호소년 등의 처우에 관한 법률」상 원장은 보호소년등이 위력으로 소속 공무원의 정당한 직무집행을 방해하는 경우에는 소속 공무원으로 하여금 가스총을 사용하게 할 수 있다. 이 경우 사전에 상대방에게 이를 경고하여야 하나, 상황이 급박하여 경고할 시간적 여유가 없는 때에는 그러하지 아니하다. (   ) ▶ ○

8) 「보호소년 등의 처우에 관한 법률」상 원장은 보호소년등이 자해할 우려가 큰 경우에는 소속 공무원으로 하여금 보호소년등에게 머리보호장비를 사용하게 할 수 있다. (   ) ▶ ○

9) 「보호소년 등의 처우에 관한 법률」상 보호장비는 필요한 최소한의 범위에서 사용하여야 하며, 보호장비를 사용할 필요가 없게 되었을 때에는 지체 없이 사용을 중지하여야 한다. (   ) ▶ ○

⑦ 보호장비는 징벌의 수단으로 사용되어서는 아니 된다. 22. 교정9★ 10)

제14조의3 전자장비의 설치·운영

① 소년원 및 소년분류심사원에는 보호소년등의 이탈·난동·폭행·자해·자살, 그 밖에 보호소년등의 생명·신체를 해치거나 시설의 안전 또는 질서를 해치는 행위(이하 이 조에서 "자해등"이라 한다)를 방지하기 위하여 필요한 최소한의 범위에서 전자장비를 설치하여 운영할 수 있다. 22. 교정9

② 보호소년등이 사용하는 목욕탕, 세면실 및 화장실에 전자영상장비를 설치하여 운영하는 것은 자해등의 우려가 큰 때에만 할 수 있다. 이 경우 전자영상장비로 보호소년등을 감호할 때에는 여성인 보호소년등에 대해서는 여성인 소속 공무원만, 남성인 보호소년등에 대해서는 남성인 소속 공무원만이 참여하여야 한다. 22. 교정9★ 11)

제14조의4 규율 위반 행위

보호소년등은 다음 각 호의 행위를 하여서는 아니 된다.

1. 「형법」, 「폭력행위 등 처벌에 관한 법률」, 그 밖의 형사 법률에 저촉되는 행위
2. 생활의 편의 등 자신의 요구를 관철할 목적으로 자해하는 행위
3. 소년원·소년분류심사원의 안전 또는 질서를 해칠 목적으로 단체를 조직하거나 그 단체에 가입하거나 다중을 선동하는 행위
4. 금지물품을 반입하거나 이를 제작·소지·사용·수수(授受)·교환 또는 은닉하는 행위
5. 정당한 사유 없이 교육 등을 거부하거나 게을리하는 행위
6. 그 밖에 시설의 안전과 질서 유지를 위하여 법무부령으로 정하는 규율을 위반하는 행위

제15조 징계

① 원장은 보호소년등이 제14조의4 각 호의 어느 하나에 해당하는 행위(→ 규율위반행위)를 하면 제15조의2 제1항에 따른 보호소년등 처우·징계위원회의 의결에 따라 다음 각 호의 어느 하나에 해당하는 징계를 할 수 있다. 14. 교정9★
   1. 훈계
   2. 원내 봉사활동
   3. 서면 사과
   4. 20일 이내의 텔레비전 시청 제한
   5. 20일 이내의 단체 체육활동 정지
   6. 20일 이내의 공동행사 참가 정지
   7. 20일 이내의 기간 동안 지정된 실(室) 안에서 근신하게 하는 것
② 제1항 제3호부터 제6호까지(→ 서면 사과, 텔레비전 시청 제한, 단체 체육활동 정지, 공동행사 참가 정지)의 처분은 함께 부과할 수 있다.

---

10) 소년원장이 필요하다고 판단하는 경우 수갑, 포승 등 보호장비를 징벌의 수단으로 사용할 수 있다. ( ) ▶ ×
11) 소년원 또는 소년분류심사원에서 보호소년이 사용하는 목욕탕, 세면실 및 화장실에는 전자영상장비를 설치하여서는 아니 된다. ( ) ▶ ×

③ 제1항 제7호의 처분(→ 지정된 실 안에서 근신)은 14세 미만의 보호소년등에게는 부과하지 못한다. 23. 보호7★ 12)

④ 원장은 제1항 제7호의 처분(→ 지정된 실 안에서 근신)을 받은 보호소년등에게 개별적인 체육활동 시간을 보장하여야 한다. 이 경우 매주 1회 이상 실외운동을 할 수 있도록 하여야 한다.

⑤ 제1항 제7호의 처분(→ 지정된 실 안에서 근신)을 받은 보호소년등에게는 그 기간 중 같은 항 제4호부터 제6호까지(→ 텔레비전 시청 제한, 단체 체육활동 정지, 공동행사 참가 정지)의 처우 제한이 함께 부과된다. 다만, 원장은 보호소년등의 교화 또는 건전한 사회복귀를 위하여 특히 필요하다고 인정하면 텔레비전 시청, 단체 체육활동 또는 공동행사 참가를 허가할 수 있다. 22. 교정9★ 13)

⑥ 소년원장은 보호소년이 제1항 각 호의 어느 하나에 해당하는 징계를 받은 경우에는 법무부령으로 정하는 기준에 따라 교정성적 점수를 빼야 한다.

⑧ 원장은 보호소년등에게 제1항에 따라 징계를 한 경우에는 지체 없이 그 사실을 보호자에게 통지하여야 한다.

제15조의2 보호소년등 처우·징계위원회

① 보호소년등의 처우에 관하여 원장의 자문에 응하게 하거나 징계대상자에 대한 징계를 심의·의결하기 위하여 소년원 및 소년분류심사원에 보호소년등 처우·징계위원회를 둔다.

② 제1항에 따른 보호소년등처우·징계위원회(이하 "위원회"라 한다)는 위원장을 포함한 5명 이상 11명 이하의 위원으로 구성하고, 민간위원은 1명 이상으로 한다.

③ 위원회가 징계대상자에 대한 징계를 심의·의결하는 경우에는 1명 이상의 민간위원이 해당 심의·의결에 참여하여야 한다.

제16조 포상

① 원장은 교정성적이 우수하거나 품행이 타인의 모범이 되는 보호소년등에게 포상을 할 수 있다. 23. 보호7

② 원장은 제1항에 따라 포상을 받은 보호소년등에게는 특별한 처우를 할 수 있다. 23. 보호7 14)

제18조 면회·편지·전화통화

① 원장은 비행집단과 교제하고 있다고 의심할 만한 상당한 이유가 있는 경우 등 보호소년등의 보호 및 교정교육에 지장이 있다고 인정되는 경우 외에는 보호소년등의 면회를 허가하여야 한다. 다만, 제15조 제1항 제7호(→ 지정된 실 안에서 근신)의 징계를 받은 보호소년등에 대한 면회는 그 상대방이 변호인이나 보조인(이하 "변호인등"이라 한다) 또는 보호자인 경우에 한정하여 허가할 수 있다.

② 보호소년등이 면회를 할 때에는 소속 공무원이 참석하여 보호소년등의 보호 및 교정교육에 지장이 없도록 지도할 수 있다. 이 경우 소속 공무원은 보호소년등의 보호 및 교정교육에 지장이 있다고 인정되는 경우에는 면회를 중지할 수 있다. 19. 승진★

---

12) 20일 이내의 기간동안 지정된 실내에서 근신하게 하는 징계처분은 14세 미만의 보호소년 등에게는 부과하지 못한다. ( )　　▶ ○

13) 2보호소년등이 규율 위반행위를 하여 20일 이내의 기간 동안 지정된 실(室) 안에서 근신하는 징계를 받은 경우에는 그 기간 중 원내 봉사활동, 텔레비전 시청 제한, 단체 체육활동 정지, 공동행사 참가 정지가 함께 부과된다. ( )　　▶ ×

14) 소년원장은 품행이 타인의 모범이 되는 보호소년에게 포상을 할 수 있고, 이에 따른 포상을 받은 보호소년에게는 특별한 처우를 할 수 있다. ( )　　▶ ○

③ 제2항 전단에도 불구하고 보호소년등이 변호인등과 면회를 할 때에는 소속 공무원이 참석하지 아니한다. 다만, 보이는 거리에서 보호소년등을 지켜볼 수 있다. 19. 승진

④ 원장은 공동으로 비행을 저지른 관계에 있는 사람의 편지인 경우 등 보호소년등의 보호 및 교정교육에 지장이 있다고 인정되는 경우에는 보호소년등의 편지 왕래를 제한할 수 있으며, 편지의 내용을 검사할 수 있다. 19. 교정9★

⑤ 제4항에도 불구하고 보호소년등이 변호인등과 주고받는 편지는 제한하거나 검사할 수 없다. 다만, 상대방이 변호인등임을 확인할 수 없는 때에는 예외로 한다. 19. 승진

⑥ 원장은 공범 등 교정교육에 해가 된다고 인정되는 사람과의 전화통화를 제한하는 등 보호소년등의 보호 및 교정교육에 지장을 주지 아니하는 범위에서 가족 등과 전화통화를 허가할 수 있다. 16. 교정9

제19조 외출

소년원장은 보호소년에게 다음 각 호의 어느 하나에 해당하는 사유가 있을 때에는 본인이나 보호자등의 신청에 따라 또는 직권으로 외출을 허가할 수 있다. 16. 교정9

1. 직계존속이 위독하거나 사망하였을 때
2. 직계존속의 회갑 또는 형제자매의 혼례가 있을 때
3. 천재지변이나 그 밖의 사유로 가정에 인명 또는 재산상의 중대한 피해가 발생하였을 때
4. 병역, 학업, 질병 등의 사유로 외출이 필요할 때
5. 그 밖에 교정교육상 특히 필요하다고 인정할 때

제20조 환자의 치료

② 원장은 소년원이나 소년분류심사원에서 제1항에 따른 치료를 하는 것이 곤란하다고 인정되면 외부 의료기관에서 치료를 받게 할 수 있다.

③ 원장은 보호소년등이나 그 보호자등이 자비(自費)로 치료받기를 원할 때에는 이를 허가할 수 있다.

④ 소년원 및 소년분류심사원에 근무하는 간호사는 「의료법」 제27조에도 불구하고 야간 또는 공휴일 등 의사가 진료할 수 없는 경우 대통령령으로 정하는 경미한 의료행위를 할 수 있다.

제20조의3 출원생의 외래진료

① 의료재활소년원장은 의료재활소년원 출원생(出院生)이 외래진료를 신청하는 경우 의료재활소년원에서 검사, 투약 등 적절한 진료 및 치료를 받도록 할 수 있다.

제21조 감염병의 예방과 응급조치

② 원장은 보호소년등이 감염병에 걸렸을 때에는 지체 없이 격리 수용하고 필요한 응급조치를 하여야 한다.

제22조 금품의 보관 및 반환

② 원장은 보호소년등의 퇴원, 임시퇴원, 사망, 이탈 등의 사유로 금품을 계속 보관할 필요가 없게 되었을 때에는 본인이나 보호자등에게 반환하여야 한다.

③ 제2항에 따라 반환되지 아니한 금품은 퇴원, 임시퇴원, 사망, 이탈 등의 사유가 발생한 날부터 1년 이내에 본인이나 보호자등이 반환 요청을 하지 아니하면 국고에 귀속하거나 폐기한다.

제23조 친권 또는 후견

원장은 미성년자인 보호소년등이 친권자나 후견인이 없거나 있어도 그 권리를 행사할 수 없을 때에는 법원의 허가를 받아 그 보호소년등을 위하여 친권자나 후견인의 직무를 행사할 수 있다. 23. 보호7★15)

🗔 제3장 분류심사

제24조 분류심사

① 분류심사는 제3조 제2항에 해당하는 소년의 신체, 성격, 소질, 환경, 학력 및 경력 등에 대한 조사를 통하여 비행 또는 범죄의 원인을 규명하여 심사대상인 소년의 처우에 관하여 최선의 지침을 제시함을 목적으로 한다.

제25조 분류심사관

① 제3조 제2항에 따른 임무를 수행하기 위하여 소년분류심사원에 분류심사관을 둔다.

제26조 청소년심리검사 등

소년분류심사원장은 「청소년기본법」 제3조 제1호에 따른 청소년(→ 9세 이상 24세 이하)이나 그 보호자가 적성검사 등 진로탐색을 위한 청소년심리검사 또는 상담을 의뢰하면 이를 할 수 있다. 이 경우에는 법무부장관이 정하는 바에 따라 실비를 받을 수 있다(→ 조기예측의 일종).

🗔 제4장 교정교육 등

제29조 학교의 설치·운영

법무부장관은 대통령령으로 정하는 바에 따라 소년원에 「초·중등교육법」 제2조 제1호부터 제4호까지의 학교(이하 "소년원학교"라 한다)를 설치·운영할 수 있다.

제30조 교원 등

① 소년원학교에는 「초·중등교육법」 제21조 제2항에 따른 자격을 갖춘 교원을 두되, 교원은 일반직공무원으로 임용할 수 있다.

---

15) 소년원장은 미성년자인 보호소년이 친권자나 후견인이 없거나 있어도 그 권리를 행사할 수 없을 때에는 법무부장관의 허가를 받아 그 보호소년을 위하여 친권자나 후견인의 직무를 행사할 수 있다. (   )　　　　　　　　　　　　　　▶ ✕

제31조 학적관리

② 「초·중등교육법」 제2조의 학교에서 재학하던 중 소년분류심사원에 위탁되거나 유치된 소년 및 「소년법」 제32조 제1항 제8호(→ 1개월 이내의 소년원 송치)의 처분을 받은 소년의 수용기간은 그 학교의 수업일수로 계산한다.

제33조 통학

소년원장은 교정성적이 양호한 보호소년의 원활한 학업 연계를 위하여 필요하다고 판단되면 보호소년을 전적학교 등 다른 학교로 통학하게 할 수 있다.

제35조 직업능력개발훈련

② 소년원장은 법무부장관의 허가를 받아 산업체의 기술지원이나 지원금으로 직업능력개발훈련을 실시하거나 소년원 외의 시설에서 직업능력개발훈련을 실시할 수 있다.

제37조 통근취업

① 소년원장은 보호소년이 직업능력개발훈련과정을 마쳤을 때에는 산업체에 통근취업하게 할 수 있다.
② 소년원장은 보호소년이 제1항에 따라 취업을 하였을 때에는 해당 산업체로 하여금 「근로기준법」을 지키게 하고, 보호소년에게 지급되는 보수는 전부 본인에게 지급하여야 한다.

제42조의2 대안교육 및 비행예방 등

① 소년원 및 소년분류심사원은 청소년 등에게 비행예방 및 재범방지 또는 사회적응을 위한 체험과 인성 위주의 교육을 실시하기 위하여 다음 각 호의 교육과정(이하 "대안교육과정"이라 한다)을 운영한다.
  1. 「소년법」 제32조의2 제1항(→ 보호관찰처분에 따른 부가처분)에 따라 법원소년부 판사가 명한 대안교육
  2. 「소년법」 제49조의3 제2호(→ 조건부 기소유예의 조건)에 따라 검사가 의뢰한 상담·교육·활동 등
  3. 「초·중등교육법」 제18조에 따른 징계대상인 학생으로서 각급학교의 장이 의뢰한 소년의 교육
  4. 「학교폭력예방 및 대책에 관한 법률」 제15조 제3항에 따른 학교폭력 예방교육과 같은 법 제17조에 따른 가해학생 및 보호자 특별교육

제42조의3 보호자교육

① 소년원과 소년분류심사원은 「소년법」 제32조의2 제3항에 따라 교육명령을 받은 보호자 또는 보호소년등의 보호자를 대상으로 역할개선 중심의 보호자교육과정을 운영한다.

📖 제5장 출원

제43조 퇴원

① 소년원장은 보호소년이 22세가 되면 퇴원시켜야 한다. 20. 보호7[16]

② 소년원장은 「소년법」 제32조 제1항 제8호(→ 1개월 이내의 소년원 송치) 또는 같은 법 제33조 제1항·제5항·제6항에 따라 수용상한기간에 도달한 보호소년은 즉시 퇴원시켜야 한다. 22. 보호7

③ 소년원장은 교정성적이 양호하며 교정의 목적을 이루었다고 인정되는 보호소년[「소년법」 제32조 제1항 제8호(→ 1개월 이내의 소년원 송치)에 따라 송치된 보호소년은 제외한다]에 대하여는 「보호관찰 등에 관한 법률」에 따른 보호관찰심사위원회에 퇴원을 신청하여야 한다.

④ 위탁소년 또는 유치소년의 소년분류심사원 퇴원은 법원소년부의 결정서에 의하여야 한다. 22. 보호7

제44조 임시퇴원

소년원장은 교정성적이 양호한 자 중 보호관찰의 필요성이 있다고 인정되는 보호소년(「소년법」 제32조 제1항 제8호에 따라 송치된 보호소년은 제외한다)에 대하여는 「보호관찰 등에 관한 법률」 제22조 제1항에 따라 보호관찰심사위원회에 임시퇴원을 신청하여야 한다.

제44조의2 보호소년의 출원

소년원장은 제43조 제3항 및 제44조의 신청에 대하여 「보호관찰 등에 관한 법률」 제25조에 따른 법무부장관의 퇴원·임시퇴원 허가를 통보받으면 해당 허가서에 기재되어 있는 출원예정일에 해당 보호소년을 출원시켜야 한다. 다만, 제46조에 따라 계속 수용하는 경우(제45조 제3항의 경우를 포함한다)에는 그러하지 아니하다.

제45조의2 사회정착지원

① 원장은 출원하는 보호소년등의 성공적인 사회정착을 위하여 장학·원호·취업알선 등 필요한 지원을 할 수 있다.

② 제1항에 따른 사회정착지원(이하 이 조에서 "사회정착지원"이라 한다)의 기간은 6개월 이내로 하되, 6개월 이내의 범위에서 한 번에 한하여 그 기간을 연장할 수 있다. 22. 보호7★[17]

제46조 퇴원자 또는 임시퇴원자의 계속 수용

① 퇴원 또는 임시퇴원이 허가된 보호소년이 질병에 걸리거나 본인의 편익을 위하여 필요하면 본인의 신청에 의하여 계속 수용할 수 있다. 22. 보호7★[18]

제47조 물품 또는 귀가여비의 지급

소년원장은 보호소년이 퇴원허가 또는 임시퇴원허가를 받거나 「소년법」 제37조 제1항에 따라 처분변경 결정을 받았을 때에는 필요한 경우 물품 또는 귀가여비를 지급할 수 있다.

---

16) 소년원장은 보호소년이 19세가 되면 퇴원시켜야 한다. ( )   ▶ ✕

17) 출원하는 보호소년에 대한 사회정착지원의 기간은 6개월 이내로 하되, 6개월 이내의 범위에서 한 번에 한하여 그 기간을 연장할 수 있다. ( )   ▶ ○

18) 퇴원 또는 임시퇴원이 허가된 보호소년이 질병에 걸리거나 본인의 편익을 위하여 필요하면 본인의 신청에 의하여 계속 수용할 수 있다. ( )   ▶ ○

⬜ 제6장 보칙

제49조 방문 허가

보호소년등에 대한 지도, 학술연구, 그 밖의 사유로 소년원이나 소년분류심사원을 방문하려는 자는 그 대상 및 사유를 구체적으로 밝혀 원장의 허가를 받아야 한다.

제50조의2 청소년심리상담실

① 소년분류심사원장은 제26조(→ 청소년심리검사 등)에 따른 업무를 처리하기 위하여 청소년심리상담실을 설치·운영할 수 있다.

제52조 소년분류심사원이 설치되지 아니한 지역에서의 소년분류심사원의 임무수행

소년분류심사원이 설치되지 아니한 지역에서는 소년분류심사원이 설치될 때까지 소년분류심사원의 임무는 소년원이 수행하고, 위탁소년 및 유치소년은 소년원의 구획된 장소에 수용한다. 21. 보호7[19]

제54조 범죄경력자료 등의 조회 요청

① 법무부장관은 제43조 제1항 및 제2항에 따라 소년원에서 퇴원한 보호소년의 재범 여부를 조사하고 소년원 교정교육의 효과를 평가하기 위하여 보호소년이 같은 조 제1항 및 제2항에 따라 퇴원한 때부터 3년 동안 관계기관에 그 소년에 관한 범죄경력자료와 수사경력자료에 대한 조회를 요청할 수 있다.

---

19) 소년분류심사원이 설치되지 아니한 지역에서는 소년분류심사원이 설치될 때까지 소년분류심사원의 임무는 소년을 분리 유치한 구치소에서 수행한다. (　) ▶ ×

16 아동·청소년의 성보호에 관한 법률

제1장 총칙

제1조 목적

이 법은 아동·청소년대상 성범죄의 처벌과 절차에 관한 특례를 규정하고 피해아동·청소년을 위한 구제 및 지원절차를 마련하며 아동·청소년대상 성범죄자를 체계적으로 관리함으로써 아동·청소년을 성범죄로부터 보호하고 아동·청소년이 건강한 사회구성원으로 성장할 수 있도록 함을 목적으로 한다.

제2조 정의

이 법에서 사용하는 용어의 뜻은 다음과 같다. <개정 2024.3.26.>

1. "아동·청소년"이란 19세 미만의 사람을 말한다. 23. 보호7★ 1)
5. "아동·청소년성착취물"이란 아동·청소년 또는 아동·청소년으로 명백하게 인식될 수 있는 사람이나 표현물이 등장하여 제4호 각 목의 어느 하나에 해당하는 행위(→ 아동·청소년의 성을 사는 행위)를 하거나 그 밖의 성적 행위를 하는 내용을 표현하는 것으로서 필름·비디오물·게임물 또는 컴퓨터나 그 밖의 통신매체를 통한 화상·영상 등의 형태로 된 것을 말한다.

제2장 아동·청소년대상 성범죄의 처벌과 절차에 관한 특례

제18조 신고의무자의 성범죄에 대한 가중처벌

제34조 제2항 각 호(→ 아동·청소년대상 성범죄의 신고의무자)의 기관·시설 또는 단체의 장과 그 종사자가 자기의 보호·감독 또는 진료를 받는 아동·청소년을 대상으로 성범죄를 범한 경우에는 그 죄에 정한 형의 2분의 1까지 가중처벌한다.

제19조 「형법」상 감경규정에 관한 특례

음주 또는 약물로 인한 심신장애 상태에서 아동·청소년대상 성폭력범죄를 범한 때에는 「형법」 제10조 제1항·제2항(→ 심신장애인) 및 제11조(→ 청각 및 언어 장애인)를 적용하지 아니할 수 있다(→ 책임의 면제·감경을 인정하지 아니할 수 있음). 14. 사시

---

1) 「아동·청소년의 성보호에 관한 법률」상 아동·청소년은 19세 미만의 자를 말한다. 다만, 19세에 도달하는 연도의 1월 1일을 맞이한 자는 제외한다. ( ) ▶ ×

제20조 공소시효에 관한 특례

① 아동·청소년대상 성범죄의 공소시효는 「형사소송법」 제252조 제1항(→ 시효는 범죄행위의 종료한 때로부터 진행)에도 불구하고 해당 성범죄로 피해를 당한 아동·청소년이 성년에 달한 날부터 진행한다.

② 제7조(→ 아동·청소년에 대한 강간·강제추행 등)의 죄는 디엔에이(DNA)증거 등 그 죄를 증명할 수 있는 과학적인 증거가 있는 때에는 공소시효가 10년 연장된다.

③ 13세 미만의 사람 및 신체적인 또는 정신적인 장애가 있는 아동·청소년에 대하여 다음 각 호(생략)의 죄를 범한 경우에는 제1항과 제2항에도 불구하고 「형사소송법」 제249조부터 제253조까지 및 「군사법원법」 제291조부터 제295조까지에 규정된 공소시효를 적용하지 아니한다. 14. 사시

④ 다음 각 호의 죄를 범한 경우에는 제1항과 제2항에도 불구하고 「형사소송법」 제249조부터 제253조까지 및 「군사법원법」 제291조부터 제295조까지에 규정된 공소시효를 적용하지 아니한다.

1. 「형법」 제301조의2(강간등 살인·치사)의 죄(강간등 살인에 한정한다)
2. 제10조 제1항(→ 아동·청소년에 대한 강간등 살인) 및 제11조 제1항(→ 아동·청소년성착취물의 제작·수입·수출)의 죄
3. 「성폭력범죄의 처벌 등에 관한 특례법」 제9조 제1항(→ 강간등 살인)의 죄

제21조 형벌과 수강명령 등의 병과

① 법원은 아동·청소년대상 성범죄를 범한 「소년법」 제2조의 소년에 대하여 형의 선고를 유예하는 경우에는 반드시 보호관찰을 명하여야 한다.

② 법원은 아동·청소년대상 성범죄를 범한 자에 대하여 유죄판결을 선고하거나 약식명령을 고지하는 경우에는 500시간의 범위에서 재범예방에 필요한 수강명령 또는 성폭력 치료프로그램의 이수명령(이하 "이수명령"이라 한다)을 병과하여야 한다. 다만, 수강명령 또는 이수명령을 부과할 수 없는 특별한 사정이 있는 경우에는 그러하지 아니하다.

③ 아동·청소년대상 성범죄를 범한 자에 대하여 제2항의 수강명령은 형의 집행을 유예할 경우에 그 집행유예기간 내에서 병과하고, 이수명령은 벌금 이상의 형을 선고하거나 약식명령을 고지할 경우에 병과한다. 다만, 이수명령은 아동·청소년대상 성범죄자가 「전자장치 부착 등에 관한 법률」 제9조의2 제1항 제4호에 따른 성폭력 치료 프로그램의 이수명령을 부과받은 경우에는 병과하지 아니한다.

④ 법원이 아동·청소년대상 성범죄를 범한 사람에 대하여 형의 집행을 유예하는 경우에는 제2항에 따른 수강명령 외에 그 집행유예기간 내에서 보호관찰 또는 사회봉사 중 하나 이상의 처분을 병과할 수 있다. 16. 보호7

제22조 판결 전 조사

① 법원은 피고인에 대하여 제21조에 따른 보호관찰, 사회봉사, 수강명령 또는 이수명령을 부과하거나 제56조에 따른 취업제한 명령을 부과하기 위하여 필요하다고 인정하면 그 법원의 소재지 또는 피고인의 주거지를 관할하는 보호관찰소의 장에게 피고인의 신체적·심리적 특성 및 상태, 정신성적 발달과정, 성장배경, 가정환경, 직업, 생활환경, 교우관계, 범행동기, 병력, 피해자와의 관계, 재범위험성 등 피고인에 관한 사항의 조사를 요구할 수 있다.

제23조 친권상실청구 등

① 아동·청소년대상 성범죄 사건을 수사하는 검사는 그 사건의 가해자가 피해아동·청소년의 친권자나 후견인인 경우에 법원에 「민법」 제924조의 친권상실선고 또는 같은 법 제940조의 후견인 변경 결정을 청구하여야 한다. 다만, 친권상실선고 또는 후견인 변경 결정을 하여서는 아니 될 특별한 사정이 있는 경우에는 그러하지 아니하다.

제25조 수사 및 재판 절차에서의 배려

③ 수사기관과 법원은 제2항에 따른 조사나 심리·재판을 할 때 피해아동·청소년이 13세 미만이거나 신체적인 또는 정신적인 장애로 의사소통이나 의사표현에 어려움이 있는 경우 조력을 위하여 「성폭력범죄의 처벌 등에 관한 특례법」 제36조부터 제39조까지(→ 진술조력인제도)를 준용한다. 이 경우 "성폭력범죄"는 "아동·청소년대상 성범죄"로, "피해자"는 "피해아동·청소년"으로 본다.

제25조의2 아동·청소년대상 디지털 성범죄의 수사 특례

① 사법경찰관리는 다음 각 호(생략)의 어느 하나에 해당하는 범죄(이하 "디지털 성범죄"라 한다)에 대하여 신분을 비공개하고 범죄현장(정보통신망을 포함한다) 또는 범인으로 추정되는 자들에게 접근하여 범죄행위의 증거 및 자료 등을 수집(이하 "신분비공개수사"라 한다)할 수 있다.

② 사법경찰관리는 디지털 성범죄를 계획 또는 실행하고 있거나 실행하였다고 의심할 만한 충분한 이유가 있고, 다른 방법으로는 그 범죄의 실행을 저지하거나 범인의 체포 또는 증거의 수집이 어려운 경우에 한정하여 수사 목적을 달성하기 위하여 부득이한 때에는 다음 각 호의 행위(이하 "신분위장수사"라 한다)를 할 수 있다.

1. 신분을 위장하기 위한 문서, 도화 및 전자기록 등의 작성, 변경 또는 행사
2. 위장 신분을 사용한 계약·거래
3. 아동·청소년성착취물 또는 「성폭력범죄의 처벌 등에 관한 특례법」 제14조 제2항의 촬영물 또는 복제물(복제물의 복제물을 포함한다)의 소지, 판매 또는 광고

제25조의3 아동·청소년대상 디지털 성범죄 수사 특례의 절차

① 사법경찰관리가 신분비공개수사를 진행하고자 할 때에는 사전에 상급 경찰관서 수사부서의 장의 승인을 받아야 한다. 이 경우 그 수사기간은 3개월을 초과할 수 없다.

③ 사법경찰관리는 신분위장수사를 하려는 경우에는 검사에게 신분위장수사에 대한 허가를 신청하고, 검사는 법원에 그 허가를 청구한다.

⑦ 신분위장수사의 기간은 3개월을 초과할 수 없으며, 그 수사기간 중 수사의 목적이 달성되었을 경우에는 즉시 종료하여야 한다.

⑧ 제7항에도 불구하고 제25조의2 제2항의 요건이 존속하여 그 수사기간을 연장할 필요가 있는 경우에는 사법경찰관리는 소명자료를 첨부하여 3개월의 범위에서 수사기간의 연장을 검사에게 신청하고, 검사는 법원에 그 연장을 청구한다. 이 경우 신분위장수사의 총 기간은 1년을 초과할 수 없다.

제25조의4 아동·청소년대상 디지털 성범죄에 대한 긴급 신분위장수사

① 사법경찰관리는 제25조의2 제2항의 요건을 구비하고, 제25조의3 제3항부터 제8항까지에 따른 절차를 거칠 수 없는 긴급을 요하는 때에는 법원의 허가 없이 신분위장수사를 할 수 있다.

② 사법경찰관리는 제1항에 따른 신분위장수사 개시 후 지체 없이 검사에게 허가를 신청하여야 하고, 사법경찰관리는 48시간 이내에 법원의 허가를 받지 못한 때에는 즉시 신분위장수사를 중지하여야 한다.

제25조의5 아동·청소년대상 디지털 성범죄에 대한 신분비공개수사 또는 신분위장수사로 수집한 증거 및 자료 등의 사용제한

사법경찰관리가 제25조의2부터 제25조의4까지에 따라 수집한 증거 및 자료 등은 다음 각 호의 어느 하나에 해당하는 경우 외에는 사용할 수 없다.

1. 신분비공개수사 또는 신분위장수사의 목적이 된 디지털 성범죄나 이와 관련되는 범죄를 수사·소추하거나 그 범죄를 예방하기 위하여 사용하는 경우
2. 신분비공개수사 또는 신분위장수사의 목적이 된 디지털 성범죄나 이와 관련되는 범죄로 인한 징계절차에 사용하는 경우
3. 증거 및 자료 수집의 대상자가 제기하는 손해배상청구소송에서 사용하는 경우
4. 그 밖에 다른 법률의 규정에 의하여 사용하는 경우

제25조의8 면책

① 사법경찰관리가 신분비공개수사 또는 신분위장수사 중 부득이한 사유로 위법행위를 한 경우 그 행위에 고의나 중대한 과실이 없는 경우에는 벌하지 아니한다.
② 제1항에 따른 위법행위가 「국가공무원법」 제78조 제1항에 따른 징계 사유에 해당하더라도 그 행위에 고의나 중대한 과실이 없는 경우에는 징계 요구 또는 문책 요구 등 책임을 묻지 아니한다.
③ 신분비공개수사 또는 신분위장수사 행위로 타인에게 손해가 발생한 경우라도 사법경찰관리는 그 행위에 고의나 중대한 과실이 없는 경우에는 그 손해에 대한 책임을 지지 아니한다.

제26조 영상물의 촬영·보존 등

① 아동·청소년대상 성범죄 피해자의 진술내용과 조사과정은 비디오녹화기 등 영상물 녹화장치로 촬영·보존하여야 한다(→ 필요적).
② 제1항에 따른 영상물 녹화는 피해자 또는 법정대리인이 이를 원하지 아니하는 의사를 표시한 때에는 촬영을 하여서는 아니 된다. 다만, 가해자가 친권자 중 일방인 경우는 그러하지 아니하다. 13. 사시
⑥ 제1항부터 제4항까지의 절차에 따라 촬영한 영상물에 수록된 피해자의 진술은 공판준비기일 또는 공판기일에 피해자 또는 조사과정에 동석하였던 신뢰관계에 있는 자의 진술에 의하여 그 성립의 진정함이 인정된 때에는 증거로 할 수 있다.

제27조 증거보전의 특례

① 아동·청소년대상 성범죄의 피해자, 그 법정대리인 또는 경찰은 피해자가 공판기일에 출석하여 증언하는 것에 현저히 곤란한 사정이 있을 때에는 그 사유를 소명하여 제26조에 따라 촬영된 영상물 또는 그 밖의 다른 증거물에 대하여 해당 성범죄를 수사하는 검사에게 「형사소송법」 제184조 제1항에 따른 증거보전의 청구를 할 것을 요청할 수 있다.

제28조 신뢰관계에 있는 사람의 동석

① 법원은 아동·청소년대상 성범죄의 피해자를 증인으로 신문하는 경우에 검사, 피해자 또는 법정대리인이 신청하는 경우에는 재판에 지장을 줄 우려가 있는 등 부득이한 경우가 아니면 피해자와 신뢰관계에 있는 사람을 동석하게 하여야 한다.

② 제1항은 수사기관이 제1항의 피해자를 조사하는 경우에 관하여 준용한다.

제30조 피해아동·청소년 등에 대한 변호사선임의 특례

① 아동·청소년대상 성범죄의 피해자 및 그 법정대리인은 형사절차상 입을 수 있는 피해를 방어하고 법률적 조력을 보장하기 위하여 변호사를 선임할 수 있다.

② 제1항에 따른 변호사에 관하여는 「성폭력범죄의 처벌 등에 관한 특례법」 제27조 제2항부터 제6항까지를 준용한다.

📋 제3장 아동·청소년대상 성범죄의 신고·응급조치와 피해아동·청소년의 보호·지원

제34조 아동·청소년대상 성범죄의 신고

① 누구든지 아동·청소년대상 성범죄의 발생 사실을 알게 된 때에는 수사기관에 신고할 수 있다.

② 다음 각 호(생략)의 어느 하나에 해당하는 기관·시설 또는 단체의 장과 그 종사자는 직무상 아동·청소년대상 성범죄의 발생 사실을 알게 된 때에는 즉시 수사기관에 신고하여야 한다.

제38조 성매매 피해아동·청소년에 대한 조치 등

① 「성매매알선 등 행위의 처벌에 관한 법률」 제21조 제1항에도 불구하고 제13조 제1항(→ 아동·청소년의 성을 사는 행위)의 죄의 상대방이 된 아동·청소년에 대하여는 보호를 위하여 처벌하지 아니한다.

제41조 피해아동·청소년 등을 위한 조치의 청구

검사는 성범죄의 피해를 받은 아동·청소년을 위하여 지속적으로 위해의 배제와 보호가 필요하다고 인정하는 경우 법원에 제1호의 보호관찰과 함께 제2호부터 제5호까지의 조치를 청구할 수 있다. 다만, 「전자장치 부착 등에 관한 법률」 제9조의2 제1항 제2호 및 제3호에 따라 가해자에게 특정지역 출입금지 등의 준수사항을 부과하는 경우에는 그러하지 아니하다.

1. 가해자에 대한 「보호관찰 등에 관한 법률」에 따른 보호관찰
2. 피해를 받은 아동·청소년의 주거 등으로부터 가해자를 분리하거나 퇴거하는 조치
3. 피해를 받은 아동·청소년의 주거, 학교, 유치원 등으로부터 100미터 이내에 가해자 또는 가해자의 대리인의 접근을 금지하는 조치
4. 「전기통신기본법」 제2조 제1호의 전기통신이나 우편물을 이용하여 가해자가 피해를 받은 아동·청소년 또는 그 보호자와 접촉을 하는 행위의 금지
5. 제45조에 따른 보호시설에 대한 보호위탁결정 등 피해를 받은 아동·청소년의 보호를 위하여 필요한 조치

제44조 가해아동·청소년의 처리

① 10세 이상 14세 미만의 아동·청소년이 제2조 제2호 나목 및 다목의 죄와 제7조(→ 아동·청소년에 대한 강간·강제추행 등)의 죄를 범한 경우에 수사기관은 신속히 수사하고, 그 사건을 관할 법원 소년부에 송치하여야 한다.

② 14세 이상 16세 미만의 아동·청소년이 제1항의 죄를 범하여 그 사건이 관할 법원 소년부로 송치된 경우 송치받은 법원 소년부 판사는 그 아동·청소년에게 다음 각 호의 어느 하나에 해당하는 보호처분을 할 수 있다.

  1. 「소년법」 제32조 제1항 각 호의 보호처분

  2. 「청소년 보호법」 제35조의 청소년 보호·재활센터에 선도보호를 위탁하는 보호처분

④ 판사는 제1항 및 제2항에 따라 관할 법원 소년부에 송치된 가해아동·청소년에 대하여 「소년법」 제32조 제1항 제4호 또는 제5호의 처분(→ 단기 보호관찰·장기 보호관찰)을 하는 경우 재범예방에 필요한 수강명령을 하여야 한다.

🗂 제4장 성범죄로 유죄판결이 확정된 자의 신상정보 공개와 취업제한 등

제49조 등록정보의 공개

① 법원은 다음 각 호(생략)의 어느 하나에 해당하는 자에 대하여 판결로 제4항의 공개정보를 「성폭력범죄의 처벌 등에 관한 특례법」 제45조 제1항의 등록기간 동안 정보통신망을 이용하여 공개하도록 하는 명령(이하 "공개명령"이라 한다)을 등록대상 사건의 판결과 동시에 선고하여야 한다. 다만, 피고인이 아동·청소년인 경우, 그 밖에 신상정보를 공개하여서는 아니 될 특별한 사정이 있다고 판단하는 경우에는 그러하지 아니하다. 16. 사시★

② 제1항에 따른 등록정보의 공개기간(「형의 실효 등에 관한 법률」 제7조에 따른 기간을 초과하지 못한다)은 판결이 확정된 때부터 기산한다.

③ 다음 각 호의 기간은 제1항에 따른 공개기간에 넣어 계산하지 아니한다.

  1. 공개명령을 받은 자(이하 "공개대상자"라 한다)가 신상정보 공개의 원인이 된 성범죄로 교정시설 또는 치료감호시설에 수용된 기간. 이 경우 신상정보 공개의 원인이 된 성범죄와 다른 범죄가 「형법」 제37조(판결이 확정되지 아니한 수개의 죄를 경합범으로 하는 경우로 한정한다)에 따라 경합되어 같은 법 제38조에 따라 형이 선고된 경우에는 그 선고형 전부를 신상정보 공개의 원인이 된 성범죄로 인한 선고형으로 본다.

  2. 제1호에 따른 기간 이전의 기간으로서 제1호에 따른 기간과 이어져 공개대상자가 다른 범죄로 교정시설 또는 치료감호시설에 수용된 기간

  3. 제1호에 따른 기간 이후의 기간으로서 제1호에 따른 기간과 이어져 공개대상자가 다른 범죄로 교정시설 또는 치료감호시설에 수용된 기간

제50조 등록정보의 고지

① 법원은 공개대상자 중 다음 각 호(생략)의 어느 하나에 해당하는 자에 대하여 판결로 제49조에 따른 공개명령 기간 동안 제4항에 따른 고지정보를 제5항에 규정된 사람에 대하여 고지하도록 하는 명령(이하 "고지명령"이라 한다)을 등록대상 성범죄 사건의 판결과 동시에 선고하여야 한다. 다만, 피고인이 아동·청소년인 경우, 그 밖에 신상정보를 고지하여서는 아니 될 특별한 사정이 있다고 판단하는 경우에는 그러하지 아니하다.

② 고지명령을 선고받은 자(이하 "고지대상자"라 한다)는 공개명령을 선고받은 자로 본다.

제51조 고지명령의 집행

① 고지명령의 집행은 여성가족부장관이 한다.

제52조 공개명령의 집행

① 공개명령은 여성가족부장관이 정보통신망을 이용하여 집행한다.

제52조의2 고지정보 및 공개정보의 정정 등

① 누구든지 제51조에 따라 집행된 고지정보 또는 제52조에 따라 집행된 공개정보에 오류가 있음을 발견한 경우 여성가족부장관에게 그 정정을 요청할 수 있다.

② 여성가족부장관은 제1항에 따른 정정 요청을 받은 경우 법무부장관에게 그 사실을 통보하고, 법무부장관은 해당 정보의 진위와 변경 여부를 확인하기 위하여 고지대상자 또는 공개대상자의 주소지를 관할하는 경찰관서의 장에게 직접 대면 등의 방법으로 진위와 변경 여부를 확인하도록 요구할 수 있다.

제53조 계도 및 범죄정보의 공표

① 여성가족부장관은 아동·청소년 대상 성범죄의 발생추세와 동향, 그 밖에 계도에 필요한 사항을 연 2회 이상 공표하여야 한다.

제56조 아동·청소년 관련기관 등에의 취업제한 등

① 법원은 아동·청소년대상 성범죄 또는 성인대상 성범죄(이하 "성범죄"라 한다)로 형 또는 치료감호를 선고하는 경우에는 판결(약식명령을 포함한다. 이하 같다)로 그 형 또는 치료감호의 전부 또는 일부의 집행을 종료하거나 집행이 유예·면제된 날(벌금형을 선고받은 경우에는 그 형이 확정된 날)부터 일정기간(이하 "취업제한 기간"이라 한다) 동안 다음 각 호(생략)에 따른 시설·기관 또는 사업장(이하 "아동·청소년 관련기관등"이라 한다)을 운영하거나 아동·청소년 관련기관등에 취업 또는 사실상 노무를 제공할 수 없도록 하는 명령(이하 "취업제한 명령"이라 한다)을 성범죄 사건의 판결과 동시에 선고(약식명령의 경우에는 고지)하여야 한다. 다만, 재범의 위험성이 현저히 낮은 경우, 그 밖에 취업을 제한하여서는 아니 되는 특별한 사정이 있다고 판단하는 경우에는 그러하지 아니한다.

② 제1항에 따른 취업제한 기간은 10년을 초과하지 못한다.

제57조 성범죄의 경력자 점검·확인

① 여성가족부장관 또는 관계 중앙행정기관의 장은 다음 각 호(생략)의 구분에 따라 성범죄로 취업제한 명령을 선고받은 자가 아동·청소년 관련기관등을 운영하거나 아동·청소년 관련기관등에 취업 또는 사실상 노무를 제공하고 있는지를 직접 또는 관계 기관 조회 등의 방법으로 연 1회 이상 점검·확인하여야 한다.

제59조 포상금

① 여성가족부장관은 제8조, 제8조의2, 제11조 제1항·제2항·제4항 및 제13조부터 제15조까지에 해당하는 범죄를 저지른 사람을 수사기관에 신고한 사람에 대하여는 예산의 범위에서 포상금을 지급할 수 있다.

⬜ 제5장 보호관찰

제61조 보호관찰

① 검사는 아동·청소년대상 성범죄를 범하고 재범의 위험성이 있다고 인정되는 사람에 대하여는 형의 집행이 종료한 때부터 「보호관찰 등에 관한 법률」에 따른 보호관찰을 받도록 하는 명령(이하 "보호관찰명령"이라 한다)을 법원에 청구하여야 한다. 다만, 검사가 「전자장치 부착 등에 관한 법률」 제21조의2에 따른 보호관찰명령을 청구한 경우에는 그러하지 아니하다.

② 법원은 공소가 제기된 아동·청소년대상 성범죄 사건을 심리한 결과 보호관찰명령을 선고할 필요가 있다고 인정하는 때에는 검사에게 보호관찰명령의 청구를 요청할 수 있다.

③ 법원은 아동·청소년대상 성범죄를 범한 사람이 금고 이상의 선고형에 해당하고 보호관찰명령 청구가 이유있다고 인정하는 때에는 2년 이상 5년 이하의 범위에서 기간을 정하여 보호관찰명령을 병과하여 선고하여야 한다.

제62조 보호관찰 대상자의 보호관찰 기간 연장 등

① 보호관찰 대상자가 보호관찰 기간 중에 「보호관찰 등에 관한 법률」 제32조에 따른 준수사항을 위반하는 등 재범의 위험성이 증대한 경우에 법원은 보호관찰소의 장의 신청에 따른 검사의 청구로 제61조 제3항에 따른 5년을 초과하여 보호관찰의 기간을 연장할 수 있다.

MEMO

MEMO

2025 대비 최신개정판

해커스공무원

노신
형사정책 법령집

개정 2판 1쇄 발행 2024년 9월 2일

지은이	노신 편저
펴낸곳	해커스패스
펴낸이	해커스공무원 출판팀

주소	서울특별시 강남구 강남대로 428 해커스공무원
고객센터	1588-4055
교재 관련 문의	gosi@hackerspass.com
	해커스공무원 사이트(gosi.Hackers.com) 교재 Q&A 게시판
	카카오톡 플러스 친구 [해커스공무원 노량진캠퍼스]
학원 강의 및 동영상강의	gosi.Hackers.com

ISBN	979-11-7244-136-4 (13360)
Serial Number	02-01-01

공무원 교육 1위,
해커스공무원 gosi.Hackers.com

해커스공무원

· 해커스공무원 학원 및 인강(교재 내 인강 할인쿠폰 수록)
· 정확한 성적 분석으로 약점 극복이 가능한 **합격예측 온라인 모의고사**(교재 내 응시권 및 해설강의 수강권 수록)
· 해커스 스타강사의 **공무원 형사정책 무료 특강**